'복서원(福書院)' 기획과 운영사례

사회복지 글쓰기교육 쉽게 기획하기

사회복지 글쓰기교육 쉽게 기획하기

발행   2018년 01월 03일
저자   윤재호
펴낸이   한건희
펴낸곳   주식회사 부크크
출판사등록 2014. 07. 15(제2014-16호)
주소   경기도 부천시 춘의동 202 춘의테크노파크2차 202동 1306호
전화   1670-8316
E-mail   info@bookk.co.kr
ISBN   979-11-272-3047-0

www.bookk.co.kr

'복서원(福書院)' 기획과 운영사례

사회복지
글쓰기교육
쉽게 기획하기

윤재호 지음

BOOKK

차례

머리말

'복서원(福書院)'은 보건복지부 산하 한국보건복지인력개발원(이하 KOHI)에서 기획하여 운영하고 있는 교육으로 사회복지분야 종사자(공무원, 민간종사자)들에게 글쓰기 교육을 통해 업무를 성찰하고 책을 집필하게 돕는다.

2013년 KOHI에서 '복서원' 1기가 기획되었다. 2017년까지 5기의 교육이 운영되었고 60명이 수료하였으며 많은 책이 출간되었다.

그동안 만들어진 책을 보면 글을 쓰고 그것을 기록으로 남기면서 책을 통해 본인의 삶이 더욱 풍요롭게 변화 되었다는 말을 많이 들을 수 있었다. 기획한 사람으로 매우 뿌듯한 일이었다.

교육을 처음 기획하는 것에 많은 에너지가 들어갔다. 하지만 시작보다 계속되는 것이 힘든 법, 새로운 교육의 크고 작은 문제들을 개선해나가며 이렇게 발전시켜 올 수 있었던 것은 기획과 운영하는 분들의 노력이 없었다면 결코 쉬운 일이 아니었을 것이다.

기획 당시 '복서원'은 '복지를 쓰는 (공공의)울타리'란 이름으로 정의하였다. 그 뜻을 풀어보면 '공공(公共)의 이익을 위해 복지에 대한 글을 쓰는 곳'이다.

사회복지전담공무원들이 업무를 시작한지가 약 30여년이 지났음에도 불구하고, 그들의 현장을 이해하기 위한 자료가 부족하여 업무노하

우가 전해지지 않는 경우가 많다. 물론 소속된 기관만의 특별한 노하우가 있을 수 있지만, 내가 지금까지 봐 왔던 공무원들은 대부분 전임자가 만들어 놓은 공문이나, 관련 업무 인수인계를 보며 1~2일 안에 업무를 파악하여 집행해야 한다.

공무원이 경우 짧게는 6개월에서 길게는 2년 정도에 1회 이상은 업무가 전환되는 경험을 겪게 되는데, 이러한 점 때문에 업무가 연속되어 공유되지 않고 있다고 생각했다.

그런 현장의 시행착오를 줄이고자 '복서원'이 기획되었다.

기록을 통하여 사회복지전담공무원인 직원들 간의 업무노하우 전달만이 아니라 사회복지분야 연구자들, 사회복지전담공무원을 준비하는 학생들, 사회복지전담공무원(혹은 사회복지업무를 담당하는 공무원)의 업무를 궁금해 하는 일반인들까지도 이해하고 학습 될 수 있는 기회가 되었으면 좋겠다고 기대하였다. 이런 마음을 담아 기획한 교육의 홍보지 첫 장에 다음과 같은 문구를 만들었다.

"사회복지업무를 담당하며 부족하지만 그것을 글로 담아 후배들과 나누고 싶다는 귀한 마음. 나의 삶의 기록이 곧 우리의 삶의 일부이고, 이 삶의 기록을 통해 우리의 삶이 즐거워지면 좋겠다고 생각하는 알뜰한 마음. 그런 마음을 함께 고민하고 나누는 공부방을 만들었습니다. 오송에 오셔서 귀하고 알뜰한 마음을 나누고 모아봅시다"

2013. 3. 4. 교육생 모집을 위한 홍보문

이 책에서는 '복서원'을 기획할 당시의 고민과 경험을 공유하여 사회복지교육 과정을 담당하는 분들에게 도움이 될 수 있도록 작성하고자 노력하였다. 아울러 다른 분야에서도 각 분야에 맞게 관련 과정을 기획하고 만드는데 참고 자료로 활용 할 수 있기를 바라는 마음도 담았다.

'복서원'에 처음 입문하는 대부분의 교육생들처럼 나 역시 글을 쓰는 것이 부족하다. 그러나 "2,000시간을 그림을 그려보니, 1,000시간 그렸을 때보다 늘었다."라고 말하는 어느 화가의 말처럼 계속 쓰고 고민하다 보면 글이 나오겠거니 하는 시간의 힘을 믿어 보기로 했다.

'복서원'을 기획하고 운영한 기록을 통해 과거를 돌아보고, 이후 복지 분야 또는 공무원을 대상으로 하는 직무교육을 기획하는 분들에게 조금이라도 도움이 되면 좋겠다.

나는 과정을 기획하고 운영하는 것에 대해 전문적인 교육을 받은 적도 없고 관련한 연구도 한 적도 없기 때문에 다소 부족하고 미흡한 부분이 있음을 인정하지 않을 수 가 없다.

다만 이런 기록을 통해 직무교육현장에서 누군가가 새로운 무언가가 만드는 기회가 되어 지길 바라며, 그 과정을 통해 글을 쓰고 기록으로 남기고 그것을 탐구하는 활동이 더 활발히 이뤄지길 간절히 바래본다.

추천사

　저는 한국보건복지인력개발원에서 운영하고 있는 많은 교육 과정을 매우 높이 보고 있으며, 개인적으로 각 과정의 운영을 맡아 뛰고 있는 과정 담당 선생님께 존경하는 마음을 가지고 있습니다.

　특히, 여러 과정 중 '복서원(福書院)'을 진심으로 응원하고 있으며, 복서원이 잘되길 간절히 바라고 있습니다.

　이는 오로지 복서원이 특별하기 때문입니다.

　복서원에는 간절함이 있습니다.

　복서원에는 넘어야 할 많은 산이 있으나, 그 산이 허물어져 기어이 오롯한 감동의 글 바다를 이룹니다.

　복서원에는 사람의 냄새가 있습니다.

　복서원은 그저 그렇지 않습니다.

　복서원은 강의자, 수강자, 운영자 따로 없이 땀으로 노를 삼고 열정으로 돛을 삼아 망망한 원고지의 대해를 한 이랑 한 이랑 저어 갑니다.

　그래서 복서원에는 감동이 있습니다.

　이에, 더욱 복서원 과정이 번창하면 더 이상 바랄 것이 없겠기에, 감히 몇 자 적어 그 기원을 담아 두는 바입니다.

2017. 11. 18.

박종덕 교수 삼가 씀

< 일러두기 >

 이 책은 2013년 보건복지부 산하 한국보건복지인력개발원에서 시작한 '복서원(福書院)'교육의 1기를 기획하고 운영한 사례에 대한 기록이다.

 사회복지 분야의 글쓰기 교육을 위해 참고 될 수 있는 내용들로 구성되어 있으며, 해당 교육을 기획하고 운영을 공공기관에서 운영된 교육임에 따라 수익보다는 공공성에 초점을 둔 교육임을 밝힌다.

 사회복지 전공자가 기획한 교육임에 따라 교육학 혹은 교육공학적 기술상의 부족한 부분이 있을 수 있으며, 2013년에 기획하였고 그 후의 결과를 기록하고 공유하는 차원이 강함에 따라 관련 업무에 종사하는 분들에게 참고가 되면 좋겠다고 생각한다.

 기록으로 남기면 누군가가 이어서 계속 될 것이다.

 글 쓰는 교육을 만드는 취지와 기획, 운영의 사례를 참고하여 글을 쓰고 책으로 엮는 것이니 만큼, 여러 곳에서 많은 기록들이 넘쳐서 현장과 정책을 연결하는데 도움이 되길 바라는 마음이다.

제1장 사회복지 글쓰기 교육의 의미

1. 복서원의 마음가짐과 철학

기획은 철학을 다잡는 것에서 부터 시작해야 한다.

아무리 화려한 교육일지라도 그 것을 왜 해야 하는지 이유 정확히 세우지 않고 기획하면 그것은 단지 '교육을 위한 교육을 하는 행위'에 불과하다.

교육을 하는 목적에 앞서 근본적인 질문인 올바름에 대해 고민해야 한다. 이 교육을 통해 이루고자 하는 것이 개인에게 올바른 것인지 그렇지 않은지, 혹은 직무교육이라면 그것이 업무에 도움이 되는 올바른 것인지 아닌지에 대한 고민이 필요하다.

올바른 일은 올바른 마음에서부터 시작된다.

마음은 행동을 변화시키고 행동은 현장을 변화시키며 현장은 정책을 변화시킬 것이다. 이와 같은 과정을 통해 본인이 구성하는 사회와 함께 성장 해 나갈 것이다.

마음을 변화하기 위해서는 본인으로부터 마음을 다잡고 작은 일에서부터 감동을 받게 된다면 가능하다고 한다.

이미 많은 우리의 선배들이 마음가짐의 중요성에 대해서 말하였다. 조선시대 대표적인 정치인이며 학자인 율곡 이이선생님은 '자경문(自警文)'을 통해 입지(立志), 곧 뜻을 세우는 것에 대한 중요성을 말씀하셨다.

율곡 선생님은 13세 때 진사 초시에 합격하였고 16세 때 어머니가 돌아가시자 파주에 장례하고 3년간 시묘(侍墓) 후, 금강산에 들어가 불교를 공부하고 1555년 20세 때 하산하였다.

20세 되던 해 봄에 외가인 오죽헌으로 돌아와 앞으로 걸어 나갈 인생의 이정표를 정립하고, 그 목표를 실천하기 위한 구체적인 방법을 세워 스스로 경계하는 글을 지어 '자경문'이라 이름하고 일생의 좌우명으로 삼으셨다.

자경문은 총 11조항으로 되었고 그 중 첫 번째 조항이 입지이다. 모든 일의 근본을 뜻을 세워야 한다는 것으로 그 내용을 보면 다음과 같다.

먼저 그 뜻을 크게 가져야 한다. 성인을 본보기로 삼아서,
조금이라도 성인에 미치지 못하면 나의 일은 끝난 것이 아니다.
先須大其志 以聖人爲準則 一毫不及聖人 則吾事未了

개인의 인생만이 아니라 살아가며 만나는 모든 것에는 뜻을 세우는 일부터 시작해야 한다. 끝까지 갖고 가야하는 일이 무

엇인지, 사람이라면 어떻게 살아가야 할 것인지에 대한 고민은 입지에서부터 시작한다.

석사과정 공부할 때 지도교수님은 평생 본인이 공부할 분야를 정하여 끊임없이 개선하고 연구해 나가다 보면, 그 분야에서 의미 있는 학문적 성과를 이룰 수 있을 것이라는 점을 강조하셨다.

학문적인 입지를 말씀하신 것으로 모든 분야에서 무언가를 이루고자 한다면 그것을 이루기 위한 마음가짐의 시작이 가장 중요하다는 의미로 생각했다.

어떤 사실을 아는 사람은 그것을 좋아하는 사람만 못하고, 좋아하는 사람은 즐기는 사람만 못하다는 말이 있다. 한국인의 기본 마음가짐에 많은 영향을 미친 논어(論語)의 첫 구절도 이와 같은 의미가 담겨져 있다.

때때로 배우고 익히니 즐겁지 아니한가?
學而時習之 不亦說乎也

즐겁다는 말은 항상 재미있고 즐거운 것만은 아니며, 익히고 즐기다 보면 익힌 만큼 즐거움을 찾게 되고 더 큰 즐거움을 얻게 된다. 즐거운 것을 다르게 해석 해보면 항상 재미가 있다는 것만은 아니다. 여기에서의 즐거움은 성취감과 감동이 있기에 그 사이에 즐거움이 있는 것이다.

따라서 마음가짐에 따라서 일의 결과는 다를 수 있다. '복서원'이라는 교육을 기획하고 운영하였던 마음가짐. 그 마음가짐을 어떤 방법으로 실천 할지에 따라서 기획과 운영이 달라진다고 생각하기 때문이다.

마음가짐의 중요성에 대해서는 다산 정약용 선생님의 말씀도 중요하다. 선생님의 대표적인 저서이며 공무를 수행하는 많은 사람들이 읽고 스스로를 수양하는 책이 있다.

목민심서(牧民心書)[1]다.

현재까지도 목민심서는 많은 공무원들이 공무를 수행하는데 있어서 마음을 다잡는 책으로 활용되고 있으며, 공무원 노조에서는 연도별 '베스트 목민관'을 선정하여 발표하고 있다.

아울러 기초 및 광역 단체장으로 구성되어 지속가능한 지역발전과 풀뿌리 민주주의 실현을 위한 지방자치단체장의 연구모임인 '목민관 클럽'이 운영되는 등 노조에서부터 단체장까지 목민심서(牧民心書)의 '목민'은 다양한 방식으로 그 뜻이 전해지고 있다.

'목민'은 '백성을 기른다.' '백성을 부양한다.'는 의미를 갖고 있다. 그 중 '목(牧)'은 중앙에서 파견된 지방의 관료로서 백성이 풍요롭게 잘 살 수 있도록 치(治)를 하는 역할을 의미한다. 이에 목민심서는 지역의 지도자인 목(牧)이 '치(治)'를 하기 위한 '심서(心書)', 즉 백성을 풍요롭게 하기 위한 공직자의 마음가짐을 담은 책으로 해석 해 볼 수 있다.

이렇게 목민심서의 책 제목에서도 마음을 다스리는 책이라는 의미가 크게 담겨져 있다. 일에 있어서 마음가짐의 중요성에

---

1) 목민심서(牧民心書) 지방 관리들의 폐해를 없애고 지방행정을 쇄신하기 위해 지은 책으로, 1818년에 완성되었다. 〈여유당전서〉 권16~29에 실려 있다. 내용은 관리의 부임부터 해임까지 전 기간을 통해 반드시 준수하고 집행해야 할 실무상 문제 들을 각 조항으로 정하고 정약용 자신의 견식과 진보적 견해를 피력해놓은 것이다.

부임·율기·봉공·애민·이전·호전·예전·병전·공전·진황·해관의 12편으로 나누고, 각 편을 다시 6조로 나누어 모두 72조로 엮었다. 각조의 서두에는 수령이 지켜야 할 원칙과 규범들을 간단명료하게 지적했고, 그다음에는 설정된 규범들에 대한 상세하고 구체적인 설명과 역사적 연원에 대한 분석을 했다.

조선 후기 사회경제의 실상을 파악할 수 있는 중요한 자료이며, 당시의 실정을 규탄하면서 수령의 실천윤리를 제시했다.(출처: 다음 백과사전)

대해 간접적으로 생각해 볼 수 있는 부분이라 생각한다.

마지막으로 일에 대한 마음가짐에 대해 일본에서 존경받는 경영인인 이나모리 카츠오(稻盛 和夫, Inamori kazuo[2])씨의 저서를 보면서 중요성에 대해 조금 더 생각 해 보면 좋겠다.

좋은 생각을 가진 사람에게는 좋은 인생이 펼쳐진다. 반면에 나쁜 생각을 가진 사람의 인생은 잘 될 리가 없다. 이 세상에는 그러한 법칙이 작용하고 있다. 생각한 것이 금세 결과로 나타나지 않아 잘 느껴지지 않을 수도 있지만, 20년이나 30년이라는 긴 시간을 놓고 생각해 보면 대부분의 인생은 그 사람 스스로가 생각하고 그린 대로 되기 마련이다.

그러므로 순수하고 맑은 마음은 인간으로서의 삶의 방식을 생각하기 이전에 가져야 할 대전제이다. 왜냐하면 깨끗한 마음, 특히 '세상을 위하고, 다른 사람을 위하는' 마음은 이 세상이 원래 지니고 있는 의지이기 때문이다.

불교에는 "사념(思念)이 업(業)을 만든다."라는 가르침이 있다. 업(業)이란 카르마(Karma)라고도 하며 현상을 만들어 내는 원동력이다. 즉 생각한 것이 원인이 되며, 그 결과가 현실이 되어 나타난다.

이나모리 카츠오(稻盛 和夫), 『카르마경영』, 2005

인생은 마음에 그린 대로 이루어진다고 한다. 강렬하게 생각하는 것이 현실로 나타난다고도 한다. 책을 쓴다는 것, 글을 쓴다는 것에 대한 뜻을 세워야 한다고 생각했다.

---

2) 이나모리 카츠오(稻盛 和夫, Inamori kazuo) 가고시마 대학 공학부를 졸업하고, 쇼후공업에 입사한 후, 1959년 교세라를 설립했다. 10년 뒤에 주식상장을 했으며, 파인 세라믹 기술로 성장했다. 1984년 다이니덴덴을 설립했다. 같은 해 재단법인 이나모리 재단을 설립했으며, 교토 상을 제정했다. 1998년 백남준이 이 상을 수상하기도 했다.
2010년 일본항공(JAL)이 파산하자 단 세 명의 측근만 데리고 투입되어 13개월 만에 흑자로 전환시켰으며, 2012년 3월에는 역대 최고액을 경신했다. 이 과정에서 '소선(小善)은 대악(大惡)과 닮아 있고, 대선(大善)은 비정(非情)과 닮아있다'라는 명언을 남기기도 했다. 2013년 3월에 일본항공의 회장에서 물러나 교세라에 복귀했다.
주요 저서로는 아메바 경영, 카르마 경영, 소호카의 꿈, 성공을 향한 정열, 이나모리 가즈오의 철학 등이 있다.(출처: 위키피디아 2017. 7. 20. 기준)

글을 쓴다는 것은 무엇일까? 어떤 의미를 두어야 하고, 어떤 마음가짐을 가져야 할까? 어떤 마음가짐을 할 수 있도록 해야 할 것인가? 공공업무에 마음가짐이 얼마나 중요한지는 다음 사진이 예(例)가 될 수 있다.

〈 임산부 주차장 작성 예시 1 (출처: 연합뉴스)3)〉

〈 임산부 주차장 작성 예시 2 (출처: KNS뉴스통신)4) 〉

---

3) (출처) 연합뉴스(http://www.yonhapnews.co.kr/bulletin/2016/11/16/0200000000AKR20161116027900051.HTML)

첫 번째 사진은 임산부 주차장을 만들었지만 임산부가 내릴 수 있는 공간을 만들지 못했다. 두 사진은 일을 임하는 자세가 중요하다는 점을 잘 표현해준다.

일반적으로 임산부는 배가 앞으로 나와 있다. 따라서 차량 승하차 시에 차간 간격이 좁게 된다면 차를 타고 내릴 때 불편함을 느낀다. 경우에 따라서는 차에서 내리지 못하는 경우가 발생할 수도 있다. 이는 휠체어를 활용하는 사람이 휠체어 공간이 확보되지 못하면 내리거나 지나가지 못하는 것과 같은 이치다.

임산부 주차장은 지역별로 조례에 따라 만들어 졌기에 일을 집행하는데 문제가 없을 수도 있고, 알지 못하는 다른 이유가 있을지는 모르겠다. 다만 실제 시설을 이용하는 임산부의 상황을 조금이라도 생각을 하며 업무를 했다면 어땠을까? 그 결과는 크게 다르게 나타나지 않았을까 생각해 본다. 따라서 일에 임하는 마음가짐이 중요하다고 생각한다.

복지와 관련한 일에 대한 마음가짐. 복지를 쓰는 것에 대한 마음가짐은 어떻게 해야 할 것인가? 그런 교육을 어떤 마음으로 해야 하고 어떤 방법으로 일을 수행해야 할 것인가?

그 마음가짐을 이루는 방법에 대해 고민이 필요하였다.

사회사업의 근본 철학을 실천하고 후배를 양성하시는 한덕연 선생님은 그의 저서 복지요결[5]에서는 사회사업과 사회복지의 구분을 다음과 같이 설명한다.

---

4) (출처) KNS뉴스통신(http://www.kns.tv/news/articleView.html?idxno=34178)
5) 한덕연 『복지요결』 : 사회사업 원론에 대한 이론과 실천 방법에 대해 기록한 책, http://welfare.or.kr/

사회사업은 사회복지를 위해 '하는 일'이고, 사회복지는 사회사업의 목표나 효과로서 얻는 것 또는 '되는 것'입니다. 사회복지를 위해 '하는 일'은 많습니다. 사회사업은 그 가운데 하나입니다. 정치 행정 농업 장사 공연 방송… 다 사회복지를 위해 '하는 일'입니다. 사회복지는 이런 일들로써 얻는 것 또는 '되는 것'입니다.

사회사업은 '사업'이고, 사회복지는 '복지'입니다. 사업과 복지는 크기나 넓이로 비교할 대상이 아닙니다. 범주 자체가 다릅니다. 사업은 사업이고 복지는 복지라는 말입니다.

마찬가지로 사회사업과 사회복지도 크기나 넓이로 비교할 대상이 아닙니다. 범주 자체가 다릅니다. 미시적이든 거시적이든, 협의든 광의든, 사회사업은 사회사업이고 사회복지는 사회복지입니다[6].

한덕연, 『복지요결』

위 글을 읽으며 '사회사업'과 '사회복지'에 대한 올바른 정의(定義)와 철학의 이해가 있어야 '사회복지'가 올바르게 수행될 수 있음을 생각 해 볼 수 있다.

본인이 하는 사업의 범위와 정의가 모른다면 일을 수행할 때 나타나는 작은 문제들을 결정하는데 힘이 들 수 있을 것이다. 결국 '마음가짐(마인드, mind)'에 대한 준비가 철저하지 못할 때 발생할 수 있는 문제이다.

교육기관에서 일하면 현장의 종사자들을 자주 만나게 되는데 흔

---

[6] 비유하자면 사회사업은 배부르게 하는 일이고 사회복지는 배부름입니다. 사회사업은 밥을 짓거나 얻게 하는 일이고 사회복지는 밥입니다. 사회사업과 사회복지 둘 다 명사형이지만, 의미상 품사가 다릅니다. 사회사업은 배부르게 하거나 밥을 짓게 한다는 동사이고, 사회복지는 배부른 상태를 가리키는 형용사 또는 밥을 가리키는 명사입니다. 그러므로 '사회사업 한다.' 해야지 '사회복지 한다.' 할 게 아닙니다. 다만 보통은 '사회복지 한다.'는 말을 자연스럽게 합니다. 듣는 사람은 '사회복지사업을 한다.' 또는 '사회사업 한다.'는 말로 알아듣습니다. 복지를 복지와 복지사업 양쪽으로 통용함과 마찬가지입니다.

히 "요즘 사회복지사에게는 뭐니 뭐니 해도 사회복지사로서의 마인드가 부족해"라는 말을 듣게 된다.
흔히들 말하는 이 '마인드'는 뭘까?

그것을 나는 한덕연 선생님이 말씀하신 '사회사업'에 대한 가치, 흔히들 말하는 '사회복지 마인드'라고 생각한다. 그렇다면 교육을 통해 그것을 기르게 하는 방법은 무엇일까?
직업인이라면 가져야 할 직업에 대한 '마인드'를 기르게 할 수 있는 방법은 무엇에 일까? 그것이 교육을 통해서 가능할 수는 없을까? 의사로서 일에 대한 가치는? 간호사로서? 변호사로서? 경찰로서? 소방관으로서……. 사회복지사는 일에 대해 어떤 가치를 갖고 있어야 할까?

그것이 어떤 방법이 되었든 그러한 '마인드'를 계속 고민하여 일을 행함이 필요하다고 생각한다. 그리고 그러한 고민을 기록하고 나누는 자세, 그 과정을 통해 함께 성장 할 수 있는 기회를 만들고 실행하는 것이 스스로에게도 '마인드'를 기를 수 있는 길이 아닐까 생각해 본다.

'복서원'은 단순히 글을 쓰고 기록을 남기는 교육으로 만들기 위하진 않았다. 글을 쓰는 과정을 통해 스스로를 경계하고 뒤돌아보며, 본인의 일과 마음가짐에 대해 기록을 해야 한다는 것을 전제로 기획했다.
그것은 한 권의 책을 쓰고 끝나는 것이 아닌, 그것을 통해 더 많은 일들을 이뤄내기 위한 시작의 의미를 갖는다고 생각한다. 마치 박사학위를 얻게 되면 연구자의 길이 시작하는 것처럼 '복서원'과정을 통해 책을 한권 쓰게 되면 그 계기로 책을 쓰고 올바름을 찾아 일하는 사회복지사의 길을 새로 시작할 수 있도록 말이다.

2. '복서원'의 의미

출발점, 원점(原點)은 어디인가?

책을 만들고 쓰는 이유, 그것을 통해 얻게 되는 효과는 어떤 것인가? 마음가짐과 철학의 원점은 어디인가? 내가 근무하는 KOHI의 원점은 어디일까?

철학은 일을 옳게 하려는 정신 또는 원칙으로 볼 수 있고 일의 정도를 찾고 성찰하며 개선하는 행동이라 생각한다. 그러한 생각이 없다면 소진되기도 하고 타성에 젖을 수 있다. 따라서 끊임없이 원점을 고민해야 한다고 생각했고 KOHI의 원점과 책을 만든다는 원점은 '국민'을 향해야 한다.

KOHI에서 기획하는 교육은 국민의 세금으로 이뤄지는 것이기 때문에 어떤 방법으로든 국민을 향해야 한다고 생각해야 함이 마땅하다.

KOHI는 「한국보건복지인력개발원법」이 있어, 그 목적[7]과 사업[8]이 정해있다. 따라서 국민에게 직접 서비스를 하는 것 보다.

---

7) 제1조(목적) 이 법은 한국보건복지인력개발원을 설립하여 보건복지에 관한 교육·훈련 등의 업무를 수행하게 함으로써 보건복지 관련 업무에 종사하는 자 등에게 전문성을 높이는 기회를 제공하고 보건복지 분야의 발전을 도모하여 국민의 삶의 질 향상에 이바지함을 목적으로 한다.

8) 제6조(사업) ① 인력개발원은 다음 각 호의 사업을 수행한다.
   1. 보건복지 관련 업무 종사자 및 공무원에 대한 교육훈련
   2. 보건복지 분야 교육강사 양성 및 훈련 프로그램 연구개발·보급 및 관리
   3. 보건복지 분야 전문가 및 교육훈련 강사의 양성
   4. 보건복지 분야 인력개발에 관한 연구
   5. 국내외 보건복지 관련 정보·자료 수집 및 간행물 발간
   6. 보건복지 분야 인력개발을 위한 국제협력사업
   7. 제1호부터 제6호까지의 사업과 관련한 위탁·수탁 및 부대사업
   ② 인력개발원은 제1항의 사업을 수행할 때에는 보건복지부장관의 승인을 받아 수혜자에게 그 실비(實費)를 부담하게 할 수 있다.

국민에게 서비스 하는 대상들에게 서비스가 제공되어야 한다.

따라서 '복서원'의 존재 이유인 법과 법의 사업을 따라야 하고, 국민의 삶의 질 개선을 위해 간접적으로 기여할 수 있는 일을 해야 한다. 이를 위해 서비스를 제공하는 사람들의 업무를 기록을 하고 정리함으로서 서비스 수준이 높아질 수 있도록 돕는 교육이 되어야 한다.

'복서원(福書院)'의 뜻

'복서원'은 복지를 쓰는 공공의 울타리라는 의미를 담고 있다. 한자로 이름을 지었기에 한글을 사랑하시는 많은 분들에게는 작명자체가 아쉽게 느껴질 수 있지만 한자는 문자에 의미를 압축적으로 담을 수 있다고 생각되어 이름을 지었다.

'복서원'의 복(福)은 편안하고 만족스러운 상태와 그에 따르는 기쁨을 의미하는 글자로 복서원의 복은 사회복지의 복에서 나왔다. 국민의 생활 안정 및 사회보장 등에 힘쓰는 사회복지 업무에 종사하는 사람들이 복지를 쓸 수 있도록 도울 수 있는 교육이었으면 좋겠다는 취지로 복을 쓰게 되었고, 국민의 생활 안정 및 사회보장 등에 힘쓰는 일과 그 와 관련한 정책들을 집행하는 사람들이 '복(福)'된 마음을 갖게 되면 좋겠다는 의미로 복(福)이라는 글자를 결정하였다.

서(書)는 쓰다, 기록하다는 의미이다. 복지를 쓰는 것을 의미한다. 쓰는 것에는 다양한 의미가 있다. 단순히 글을 만들어 내는 작업도 있지만 글을 만들어 내는 작업을 통해 본인을 고찰하는 의미를 갖기도 한다. 또한 글을 통해서 과거와 현재 그리고 미래를 연결하는 도구로 쓰이기도 한다. 복지를 쓰며 고찰하고 기록하며 연결하는 작업을 하는 곳이기 때문에 쓰다는 의미를 담았다.

원(院)은 공공의 울타리라는 의미이다. 처음 기획 할 때에는 공무원을 대상으로 했다. 이미 민간에서는 다양한 단체들의 노력으로 기록이 되고 있었고, 순환근무 등의 업무환경으로 누구보다 기록과 연결이 중요한 공무원들이 공문이외의 자료들의 공유가 더디다고 생각했기 때문이다.

공공기관의 울타리를 의미하는 원(院)을 씀으로서 이 과정이 공익을 위해 일하는 사람들의 기록이라는 의미를 담고 싶었다. 그래서 여러 고민 끝에 복지를 쓰는 공공의 울타리라는 이름으로 정하고, 이름의 의미를 최대한 간결하게 담아내기 위해 '복서원'이라는 이름을 정하게 되었다.

이렇게 '복서원'이라는 이름을 작명하고 시작하는 배경에는 크게 두 가지 이유가 있었다.

첫째, 공무원의 순환직무에 따른 업무의 연속이 없는 모습을 보고 그것을 조금이라도 해결할 수 있기를 바랐다.

보건복지 분야 종사자의 직무교육을 담당하는 기관에서 일하며 많이 느낀 점이지만 많은 공무원들이 인수인계의 필요성에 대해 자주 말한다. 업무를 연속하게 하고 싶은 마음에, 전임자의 자료가 잘 정비되어 있거나 업무가 추진되어 온 흐름을 이해할 수 있다면 좋겠다는 바람에서 하는 말이라고 생각한다.

순환근무를 하는 공무원의 업무특성상, 인사발령에 따라 하루아침에 다른 업무를 담당하게 되는 경우가 많기 때문에 업무의 인수인계가 어렵기 때문에 그런 말들이 마음에 많이 와 닿았다.

또한 같은 사회복지업무라고 해도 관련한 정책변화가 심하기 때문에 3~4년 전에 담당했던 동일한 업무가 새로 발령받으면 많이 바뀌어져 있는 경우가 많다. 빠르면 6개월, 일반적으로는 2년 정도 근무를 하는 순환근무가 정착된 상황에서 전임자의 업무기록은 남기고간 컴퓨터 한 대와 결재된 전자문서가 전부인 경우가 많기 때문에 업무의 연속성을 갖기에는 참 어려운 구조가 맞는 것 같다.

어떻게 하면 신속한 업무파악에 도움을 줄 수 있을까?
어떻게 하면 자연스럽게 업무의 노하우가 이어질 수 있을까?

이런 고민으로 '복서원'의 이름을 지었다. 공무원들이 자신들의 업무를 기록하고 후배에게 전해 줄 수 있는 책이 많아지고, 조금 더 세분화 되어 전해질 수 있다면 소속된 기관 밖의 동료들과도 정보를 교류하고 업무의 연계를 강화 할 수 있을 것이라고 기대할 수 있기 때문이다.

둘째, 백서와 각종 보고서 이외에 정책집행의 다른 관점을 이해할 수 있는 자료의 부족이 있기 때문이다.
일본에서 사회복지를 공부하면서 전공서적과 각종 논문은 많은 도움이 되었다. 아울러 후생노동성 홈페이지나 기타 공적인 자료를 통해 일본의 정책을 많이 이해할 수 있었다. 그러나 나는 정책 이외의 현장에 대해서도 알고 싶었다. 현장에 대한 이해를 위해 주로 찾은 방법은 문고 형태의 작은 소책자(문고)였다.

일본의 岩波新書(Iwanami sinsyo)[9]등의 문고는 보건복지 관련한 책들은 전공서적에서 배울 수 있는 내용 이외의 것들에 대해서 배

---

9) 이와나미 신서(岩波新書 이와나미 신쇼)는 1938년에 이와나미 쇼텐에서 창간한 신서판(삼류판) 서적이다. 고전을 중심으로 하는 아와나미 문고와는 달리, 일반계몽서적을 저렴한 가격으로 제공하는 것을 목적으로 창간되었다. 신서라고 불리는 출판형태의 효시이기도 하다.

울 수 있는 기회를 주었다.

 문고형태의 이러한 책들의 내용은 저자의 전문적인 지식을 일반
인들에게 쉽게 설명하기 위해 써진 책이 대부분으로 이론적인 부
분만이 아니라 현장의 실태를 예를 들어 설명한 것이 많다. 책에
따라 다르지만 보통 50%는 이론적인 이해가 나오고 나머지 50%
는 이론을 적용한 현장에 대한 글이 담겨져 있는 것이 대부분이
었다.
 그렇다보니 이론적인 부분과 현장에 대한 이해를 보다 쉽게 할
수 있었고, 이러한 책들은 일반인만이 아니라 나와 같이 공부하는
학생, 혹은 관련한 기자나 사회의 다양한 분야에서 쉽게 접할 수
있는 효과가 있었다.

 문고형태의 책은 우리나라 사회복지분야에 얼마나 많을까?

 대학에서 학부에서 사회복지를 공무하며 노인장기요양에 대해
관심을 갖고 공부 할 때였다. 당시(2000년대 초반) 대표적인 서점인
교보문고 등을 찾아 봐도, 이론을 바탕으로 현장의 경험을 기록한
책을 찾는 것은 쉬운 일이 아니었다.
 대부분이 전공서적이고, 그나마 2008년 장기요양보험이 시작되는
것에 맞춰서는 요양보호사 자격과 관련한 수험서 등이 늘었을 뿐
이지, 현장의 실태 등을 나온 책을 찾는다는 것은 쉬운 일이 아니
었다.

 이는 '복서원'과정을 기획하는 과정에서도 많이 느낄 수 있던
부분이었다. 공무원이 쓴 책은 많지 않았다. 있어도 고위직인 선
출직 공무원이 본인의 업무를 정리한 책이나, 은퇴하며 남기는 일
부 책이 대부분이었다. 현장의 생동감 있는 기록이 나온 책들을

많이 찾을 수 없었다.

KOHI의 업무 특성상 공무원의 업무현장을 이해하는 것은 매우 중요하였는데, 그러한 기록을 찾는 것은 쉽지 않았다. 공무원의 현장을 이해하기 위해서는 직접 공무원을 만나고 나누는 대화나, 자문회의 등을 통해서 얻을 수 있는 것이 거의 전부와 다름없었고, 그렇게 얻은 정보는 매우 제한적이었기 때문에 일반화하기에는 어려움이 있었다.

보다 많은 정보를 어떻게 얻을 수 있을까? 그래서 그것을 할 수 있는 교육을 만들어 보는 것은 어떨까?

글을 쓰는 과정을 그래서 만들고, 그 과정을 통해서 본인의 업무를 정리하고, 후배나 동료들과 나누는 과정을 만들어 내자. 책을 통해 본인의 성장을 도모하고, 다른 이들 간에 업무협업을 넓히도록 도와주자.

복지를 쓰고, 그 과정을 통해 본인의 업무를 고찰하고, 그 과정을 통해 기록을 남겨 동료들과 함께 성장하고, 그 과정의 반복을 통해 삶을 풍요롭게, 사회사업을 풍요롭게 할 수 있는 기반을 만드는 교육이 되고자 '복서원'으로 이름을 정했다.

제2장 교육의 기획절차

1. 기획준비

기본방향에 대한 고민

앞서 '복서원' 이름을 정하는 과정에서 설명이 있었지만, '복서원'의 기획은 오랜 시간을 두고 다양한 변수를 머릿속에서 구상하며 마인드맵(mind map)[10]을 통해 구조화하였나.

---

10) 마인드맵(mind map) : 마인드맵은 마치 지도를 그리듯이, 자신이 여태까지 배웠던 내용이나, 자기 관리 등을 할 수 있는 방법이다. 읽고 생각하고 분석하고 기억하는 그 모든 것들을 마음속에 지도를 그리 듯해야 한다는 독특한 방법이다.
①종이의 중심에서 시작한다. ②중심 생각을 나타내기 위해 이미지나 사진을 이용한다. (3가지 이상의 색깔) ③전체적으로 색깔을 사용한다. ④중심이미지에서 주가지로 연결한다. 주가지의 끝에서 부터 부가지로 연결한다. 그리고 부가지의 끝에서 세부가지를 연결한다. ⑤구부리고 흐름 있게 가지를 만들어라. ⑥각 가지당 하나의 키워드만을 사용하라.

어느 날 갑자기 뚝딱하고 기획서가 만들어 진 것이 아닌 평소에 갖고 있던 문제의식을 바탕으로 해결법을 생각하고, 실행하려는 고민들의 조각들을 모아 보았다. 그러한 조각들은 다양한 관련 서적을 보고, 다양한 사람들을 만나며 만들어 여쭙고 궁리하다보니 모을 수 있었다. 평소 기록의 중요성에 대해서는 항상 생각하고 있었기에 더욱 이러한 일에 관심을 갖고 임하게 되었다.

기록의 중요성은 언제나 직장인으로서 당연히 필요성을 알고 있지만 본인의 기준에 따라 잘 실행 할 수 있는지는 항상 다르다. 그 중 사회복지전담공무원이 시작된 뒤 약 30여년이 지났음에도 실천현장에 대한 기록이 찾기 힘든 부분은 항상 아쉬움으로 있었고 우리나라 사회복지현장에 좋지 못한 일이라 생각하였다.

이러한 기록을 남기는 것이야 말로 국민들을 대상으로 하는 서비스 제공자가 과거의 경험을 간접적으로 습득하여 선제적으로 문제를 예방할 수 있는 일이라고 생각했다. 그것이야 말로 복지를 잘 전달할 수 있도록 돕는 사회복지 B2B[11])기관으로서 업무 목적에 부합하는 일이라고 생각하였다.

그 취지를 보다 자세히 설명하자면 다음의 세 가지 이유를 꼽을 수 있다.

첫째, 사회복지업무담당자들의 잦은 인사이동에 따라 업무 노하우 전수가 부족했다. 공무원들은 일반적으로 6개월~24개월 이내 업무가 변경된다. 업무가 변경되면 인수인계는 하고 있으나, 인사발령이 나면 새로운 곳에 바로 투입되는 경우가 많기 때문에 인수인계를 해도 몇 일안에 실시하거나, 양쪽 부서장의 양해를 구해

---

⑦.전체적으로 이미지를 사용하라.(참고: 위키백과, '17. 2. 7. 기준)
11) B2B(Business-to-Business) 또는 기업 대 기업은 기업과 기업 사이의 거래를 기반으로 한 비즈니스 모델을 의미(참고: 위키백과, '17. 12. 21. 기준)

서 인계하는 업무를 마무리 할 수 있도록 지원해주는 정도로 일을 전하는 경우가 많다. 이에 인계를 하는 쪽도 인수를 받는 쪽도 본인의 업무 지식과 경험을 전해주기란 쉽지 않았다.

둘째, 교육 및 업무를 통해 습득한 문제해결 방법 및 사례에 대한 공유가 부족하다 생각하였다. 도시, 도농(都農), 농촌지역 등 지역별 특성이 있으나 사회복지업무를 담당하는 공무원이 만나는 대상자의 차이는 그리 크지 않다. 교과서에 나오는 상담사례들도 업무에 도움이 될 것이지만 현장의 비슷한 사례에 대한 경험과 그 해결 방법을 공유하는 것이 중요하겠다고 생각하였다.

셋째, 연도별(사례별) 기록을 통해 노하우의 연간 관리를 통해 사업의 연결이 필요하다고 생각했다. 김00소장님의 '독서노트'를 통해 '악녀일기12)'라는 책을 통해 시대에 따른 '의식'의 변화가 크다는 것을 생각하게 되었다13). 2백년이 지난 이후 그 때의 '의식'을 기준으로 지금을 판단하기 힘들 듯이 지금의 '의식'으로 그 때를 이해하는 것은 무리라고 생각한다14).

---

12) 돌프 베론 저, 이옥용 역 『2백년 전 악녀일기가 발견되다(원제 : Slaaf Kindje Slaaf』, 내인생의책
13) 『2백년 전 악녀일기가 발견되다』는 서구 제국주의 시절 남아메리카의 네덜란드 식민지 수리남에 사는 농장 지주의 딸 '마리아'가 쓴 일기입니다. 평범한 사춘기 소녀 마리아의 일상이 적힌 일기. 그런데 2백년 뒤에 이 일기를 다시 읽으니 당시에는 평범했을지 모를 일이 지금 우리에게는 이해하기 어려운 잔혹한 이야기입니다.

　　노예 네 명이 뚜껑이 있는 쟁반을 식탁 위에 올려놓았다. 아빠는 힘이 세다. 아빠는 쟁반 뚜껑을 손수 열었다. 한 작은 게 보였다. 쟁반 안에서 몸을 잔뜩 쪼그린 채 앉아 있었다. 그게 몸을 일으켰다. (…) 꼬꼬란다. 아빠가 말했다 우리 마리아에게 주는 이런 노예지. 엘리사베트 아숨마가 준 선물은 작은 채찍이었다.(p. 24) 〈 중략 〉

　　어떤 노예가 도망갔어요. 이웃사람들이 그 노예를 잡아 데리고 왔어요. 지금 채찍으로 스무대나 맞고 있어요. …비명은 멈추지 않았다. 우리는 후식을 맛있게 먹었다. 엄마도 맛있다고 했다. 난 조금 더 먹고 싶었다.(pp. 60~61) 〈 중략 〉

　　우리는 사회복지 현장에서도 '선배들이 그래 왔으니까', '교수님이 그렇게 하라 했으니까' 하며 별 생각 없이, 의식하지 않고 당사자를 대상화해 오지 않았는지 돌아봅니다.(김00 『독서노트』, pp. 00~00)
14) 물론 『2백년 전 악녀일기가 발견되다』라는 책에 나온 마리아의 행동을 옹호하지도, 지금

다만, 지역별로 시대에 따라서 그 지역에서의 사회사업이 기록되고, 공유되며 개선되어 간다면 급격한 '의식'의 변화에 따른 문제는 발생하지 않을 것으로 생각된다.

지역은 지역에 따라서 대상자의 특성이 있을 수 있다. 그리고 발생하는 사회문제도 해결할 수 있는 자원의 임계치도 비슷할 수 있다. 그것을 지역에서 비슷하거나 같은 업무를 하는 사람들이 기록하고 전하며 개선하면 좋겠다고 생각한다.

단순히 글을 쓰는 것은 그 행위 자체로 끝날 수 있다.

'복서원'은 업무를 기록하는 과정을 통해 성찰하고 주위와 나누고, 그 과정을 통해 본인 업무를 개선하기 위해 만들어진 과정으로 기획하고자 했다. 물론 이 교육을 통해 대단한 무엇인가를 이뤄 낼 수 있다는 확신만을 갖고 시작한 것은 아니며 나의 노력이 교육생들에게 100% 전달 될 것이라고 기대한 것도 아니다.
그러기에 교육에 대한 방향을 잡는 기획을 하며 무엇보다 교육 대상자에 대한 이해를 높이기 위해 노력했다.

어떻게 하면 공무원이 공문서만이 아닌 다른 글쓰기를 통해 본인의 일을 기록할 수 있도록 할 수 있을까? 어떻게 하면 그들이 1년간의 과정을 자발적으로 참여하며 참여의지를 계속되게 할 수 있을까?

만들어 지는 삶과 만들어 가는 삶의 사이에서 교육생 스스로 만들어 가는 교육을 어떻게 하면 실행 할 수 있을까?

우리가 하는 일이 그 행동과 일치한다는 말은 아니다.

이 고민이 계속하며 기획하였다.

결국 추구하고자 하는 기획 방향과 교육대상 그리고 그 결과를 계속 머릿속으로 그리면서 과정의 시뮬레이션을 거치며 추진하는 방법이 가장 좋은 방법이라고 생각한다. 그러기 위해서는 자문회의도 중요하지만 교육에 실제 참여할 수 있는 대상(교육생)을 구체적으로 생각 해 보는 것도 좋다고 본다.

아울러 그 대상에게 자문을 받을 수 있다면 더욱 좋지만 현실적으로 기획자가 교육대상을 정교하게 정하고 기획하기는 대부분이 쉽지 않다. 그럼에도 기획에 있어서 교육대상자를 이미지화하여 그것을 통해 시뮬레이션을 실행 해 보는 것은 가장 중요한 기획의 포인트라고 생각한다.

이런 기본방향을 갖고 '복서원'은 시작되었다.

장기(長期)교육과 '복서원'

'복서원'은 긴 시간을 갖고 이뤄져야 하는 교육이어야 한다고 생각했다.

일반적으로 장기교육이라 하면 인사발령을 통해 교육원 입소를 하는 방식으로 최소 6개월에서 1년 이상으로 교육발령을 내는 것이다. 반면 KOHI에서는 주로 3~5일의 단기교육과정이 많이 수행된다. 2012년에는 짧은 과정으로 인해 보다 전문적인 인력양성에 취약하다는 자체적인 평가가 있었다. 이에 기존 3~5일 실시되던 단기교육이 아닌 장기적인 관점으로 인력을 양성할 수 있는 방법을 고민하였다.

이 장기교육과정을 기획한다는 내부정책에 맞춰서 나는 총 3개의 교육과정을 준비하였다. 이미 2010년부터 이어지던 'I am 복지디자이너(공무원 대상)'와 함께 '복서원(공무원 대상)', '사회복지핵심리더아카데미(민간종사자 대상)'이라는 2개의 장기과정이 2013년부터 새롭게 기획되어 운영하게 되었다.

장기과정의 안정적 정착에는 여러 가지 이유로 기획에서 실행으로 이어지는 것이 불가능한 경우가 많지만 '복서원'은 다른 과정과는 다르게 교육 교육생이 느끼기에 교육 결과가 확실하다고 생각되었기에 현재까지 지속되어 왔다고 생각한다.
그 점에서 복서원이 다른 교육과정과의 차이점이 아니었을까……. 첫 기획이후 해가 넘어갈수록 더욱 개선되는 과정은 이후 담당하는 분들의 노고가 가장 크다고 생각하게 된다. 그런 점에서 '복서원'은 운이 좋은 교육이라고 생각이 들었다.

대부분의 직장인이 그렇지만 몇 개월의 기한을 두고 정기적으로 교육을 가기에는 무리가 있다. 공무원의 경우 인사발령을 통해 장기교육을 가는 경우도 있지만 사회복지시설에서 근무하는 종사자들의 경우에는 많은 한계가 있다. 따라서 장기교육과정을 기획 할 때에는 다음 두 가지를 염두하고 기획하였다.

첫째, 교육생 스스로 교육에 동기부여가 되도록 교육생별 요구에 민감하게 대응해야 한다. 둘째, 교육을 통해 대외적으로 나타낼 수 있는 성과물을 얻을 수 있도록 해야 한다.

KOHI에서 장기교육과정의 첫 시도는 'I am 복지디자이너'라는 과정이었다. 2010년 9월 입사 후 처음으로 만든 교육과정으로, 총

2차에 걸쳐 국내 우수사례 공유를 통해 기획아이디어를 수립하고, 현장과 정책에 대한 고찰을 통해 실현가능한 방법을 구상한 뒤, 자기가 근무하는 지역에 맞는 맞춤형 사업을 기획하는 과정이 총 3개월에 걸쳐 이뤄진다.

 이렇게 기획된 사업계획은 직접 실행하여 연말에 그 결과를 결과적으로 묶은 뒤, 한국보건복지인력개발원장 이름으로 교육생의 소속 기관장에게 우편으로 발송된다.

 이 과정을 통해 장기교육에 대한 자신감을 얻게 되었고, 이후 '사회복지핵심리더아카데미'와 '복서원'과정을 기획하게 되었다. 기관의 입장에서는 장기교육을 위해서는 많은 비용과 시간의 투자가 있어야 한다. 따라서 명확한 결과물을 요구하게 되고, 이에 대한 평가도 매우 의미 있어야 한다.

 이를 위해서는 교육에 참여한 사람들의 참여만족도 만이 아니라 실제 교육의 결과물이 현업에서 쓰일 수 있어야 하고, 그 결과에 대한 피드백이 교육을 허가한 곳에까지 전해져야 한다.

 오랜 시간 준비하고 운영하는 만큼 그 결과는 쓰거나 달게 된다. 그것이 무엇이 되었든, 교육을 통해 사람의 일에 대한 지식, 기술, 태도가 변화되기 위해서는 장기과정이 꼭 필요하다고 생각되어 부서장에게 다음 장과 같이 보고하며 적극 추진하게 되었다.

2. 교육기획을 위한 선행학습

책 찾기와 기획의 연계

책을 쓰기 위해 책을 찾았다.

연구를 할 때도 문헌연구 하듯이 과정을 기획할 때도 관련한 자료들을 찾아본다. 유사한 교육과정이 있는지 여부와 복서원의 경우 유사한 결과물이 있는지 여부를 찾아보는 것은 중요하다.

공무원들이 글을 써서 책으로 낸다는 것이 생소한 일이기 때문에 당시 기준 최근 10년간 공무원이 쓴 책이나 공무원과 관련한 책을 중심으로 검색을 해 보았다.

그 결과 총 11권의 책을 찾았고 대부분이 은퇴한 공무원이나 기관장이 쓴 책이었다. 과정을 기획하는 데는 많은 도움이 되었는데, 공무원의 업무혁신 사례를 담은 『180억 공무원15)』과 『공무원, 안주는 독이다16)』 2권은 과정을 기획하며 가장 참고가 되

---

15) 김가성(2008), 180억 공무원, 쌤앤파커스 대한민국 최초로 발간된 '현장공무원' 성공기

백번 이론을 설명하고, '변해야 한다'고 일장 연설을 늘어놓는 것보다 더 위력적인 것은 바로 '변화의 경험담'을 읽고 내 것으로 만드는 것이다. 이 책은 공문에 첨부되어 오는 '혁신사례'도 아니고, '반드시 이렇게 하라'는 지침도 아니다. 그저 '9급 말단 공무원인 나도 했으니 당신도 못 하리란 법이 없다'는 고백이다. 작은 아이디어 하나로 새로운 역사를 만들고, 성과도 나오고 일도 즐거워지는 업무의 선순환. 이제 당신을 위한 '공무원 성공노트'를 펼칠 때다.

공무원이기에 할 수 있는 '무궁무진한 일들', 그 흥미진진하고 보람찬 세계가 열린다!

적은 예산으로 수익 만드는 '국가 지정' 사업가, 자신의 일에 미친 프로페셔널 공무원, 현장과 민원인들 가장 가까이서 호흡하는 '고객전문가', 홍보와 세일즈에 능한 '영업 공무원'…. 대한민국 공무원의 타이틀이 새롭게 바뀌고 있다. 이 책은 공무원 현업 일선에서 자신의 일과 삶에 대해 느끼고, 행동하고, 변화시킨 한 공무원의 감동적인 이야기를 담고 있다. 공무원으로서 어떻게 사는 것이 진정, 보람과 긍지를 맛볼 수 있는 지름길인지 명쾌하게 제시하고 있다.(출처 : 'YES24' 책 소개)

16) 심재천(2012) 공무원, 안주는 독이다, 수사연구사, 관악구청 홍보전산과장, 지방공무원 최초의 자기계발서. 지방공무원들이 공직을 수행함에 있어 지금부터라도 '무엇을 어떻게 해

었다.

『180억 공무원』을 쓴 김가성 선생님의 사례가 '복서원'을 가장 참고가 된다고 보았다. 시책사업 등 충분한 예산 없이 無에서 有를 창출해야 하는 공무원의 숙명을 잘 해결한 좋은 예로, 책을 통해 자신의 성과를 공유하여 성공과 실패를 고찰하는 부분을 정리한 것이 '복서원' 과정이 지향하는 바와 같다고 생각이 들었다. 특히 지역의 자원을 객관적으로 검토하여 진정성을 갖고 접근하여 문제를 해결하는 모습이 후배들에게 귀감이 됐다.

『공무원, 안주는 독이다』는 과정을 기획 할 당시, 가장 최근에 출판된 책으로 지방공무원이 겪는 다양한 업무를 저자가 업무를 하며 만들어난 엄청난 양의 메모를 바탕으로 기록하여 출간한 책이다.
아무래도 최근에 만들어진 책이고 엄청난 프로젝트를 수행한 것보다는 공무원으로 업무하여 일어난 소소한 일들을 관찰하여 기록한 글이 담겨져 있어 교육 대상들에게 현실적인 참고가 될 것으로 생각됐다.

지금(2017년 말)은 총 5기까지 진행되는 과정에서 선배들의 책들이 많이 남겨져 있지만, 교육을 기획하던 당시에는 참고 될 책이 많지 않았기에 위 두 권의 책은 정말 귀했다.

야 할시' 뺑소 자신이 느껴왔던 공직의 가치관과 업무추진과정에서의 성찰, 경험들을 진솔하게 서술함으로써 자신감 넘치는 공직생활에 미력이나마 도움이 될 것이다.

젊은이들이 공무원임용시험이라는 힘든 관문을 통과해 장밋빛 미래를 꿈꾸지만, 지방공무원 입장에서 올바른 공직생활의 씨앗을 뿌릴 수 있는 자기계발서 하나 없는 척박한 현실에서 많은 고민과 방황을 거듭하게 된다는 이유에서 발간된 이 책은 급변하는 지식정보화의 환경 속에서 공무원들의 사고가 지나치게 경직되고 자기방어적일 수밖에 없다는 지적과 동시에 부딪힌 문제들을 슬기롭게 해결해 온 저자의 경험담을 살려 능동적인 혁신과 스스로의 노력에 대해 공무원으로써 곱씹어보게 하고 있다. (출처: 'YES24' 책 소개)

이에 교육에 꼭 참여하여 공무원 선배들로부터 책을 쓰는 과정과 그 의미에 대한 강의를 부탁하는 것이 교육생들에게 큰 도움이 될 것으로 생각되었고 강사로 초빙하기로 마음먹고 수소문하기 시작하였다.

내가 교육을 기획하며 항상 하는 버릇인데 교육을 성공적으로 기획하게 이끌 수 있다는 확신이 있는 강사가 있다면 가급적 최대한 빨리 연락을 취한다. 우선 연락을 한 뒤 교육의 취지를 설명드리고 기획자가 진정성 있는 모습을 보이면 행정적이거나 현실적인 어려운 문제들이 의외로 쉽게 풀리는 경우를 많이 경험했기 때문이다.

강사를 섭외할 때 시간, 장소, 대상, 강사비에 대해 말하기 전 교육의 의미와 왜 그 강사가 이 강의에 필요한지에 대해 먼저 설명을 한다. 일반적으로 직업강사의 경우에도 비용도 중요하게 생각하지만 자존감을 높여주는 것을 좋아 했으며, 전문분야의 경우 본인의 전문성에 대해 인정을 받아야 더욱 출강(出講)에 열정적으로 임하는 경우를 많이 봤기 때문이다. 왜 이 강의에 그 강사가 와야 하는지 스스로 확신이 없는 상태로 강사를 섭외하게 되면 기획의도에 맞지 않는 강의가 될 것이다.

180억 공무원의 저자인 김가성 선생님께 연락드렸다.

아쉽지만 김가성 선생님은 인사이동 및 잦은 강의로 인해 본업을 더 충실히 해야 함을 느낀다는 취지의 말씀을 하셨고, 새로운 일들을 하고 있는지라 자리를 비우기가 쉽지 않다는 말씀을 하시며 정중히 사양하였다.

두 번째로 연락을 드린 분은 공무원 안주는 독이다 저자인 심재천 선생님이었다.

강의를 해본 적이 없으셔서 부담스럽지만 말씀과 함께 사양하시려 하였으나 강의 취지를 구체적으로 설명 드리고 책을 쓴 실무자 선배들이 많지 않음으로 설명 드리니 출강을 결정하여 주셨다. 결정 이후에 나눈 이야기이지만 책을 쓴 계기로 도서관장을 하시는 등 책 이후에 책과 관련한 일들을 하셨다고 한다. 그래서 더욱 강의에 오셔서 본인의 책을 쓰기 위한 노력에 대해 말씀해 주시기를 바랐다.

지금까지 검토한 책들을 모아서 교육생들에게 리스트를 공유했다. 5기까지 운영되고 있는 지금은 선배들의 글이 있었기 때문에 첫 번째 참고자료가 선배들의 책이 될 수 있지만, 당시에는 출간된 책이 좋은 참고도서가 되었다.
내가 읽은 책만이 아니라 담당교수인 김00교수님께도 책을 추천받았다. 그래서 '글쓰기 기술, 업무사례(민간, 공무원), 책 만들기 방법'을 구분하여 총 36권의 책을 선정하여 공유했다.

글을 쓴다는 것에 있어서 선행학습 분석이 빠져 있으면 그 글은 근본적인 결합을 가지고 있을 수 있다. 선행학습의 동향을 찾고, 선행학습의 한계를 찾아, 나의 연구문제를 제기하고, 제기한 연구문제를 해결할 수 있는 가장 적합한 검증방법을 선택해야하며, 이러한 이론적 근거를 마련함과 동시에, 철저히 분석하여 결론을 도출하고 도출된 결과의 의미와 선행학습와의 차별화, 향후 연구 과제를 제안할 수 있어야 한다.
이 모든 것을 머릿속에 담은 채 선행학습 조사를 해야만 내가 작성하는 모든 글이 근거와 타당성과 설득력을 가지게 된다.

강의에 맞는 장소 섭외하기

강사를 초청하면 강의에 맞는 강의 장소에 대해 고민한다.

주요 교육생이 40대 후반에서 50대 중반이었기에 강의장의 분위기를 학생으로 돌아가서 듣는 듯 한 마음을 들게 하는 것이 좋겠다고 했고, 예상되었던 교육생들에게 추억의 교육장소를 선물해주어 기쁜 마음에 젊은 시절을 돌아보고 걸어온 직업인의 길을 다시 한 번 생각하도록 만들어 드리고 싶었다.

그래서 결정한 곳이 KOHI 근처의 한국교원대학교의 교육박물관이었다. 장소를 통해서 최대한 교육에 대한 열정을 이끌어 내고 싶었다. 강사의 마음가짐도 단단히 만들고 싶고 교육생

〈 심재천 선생님 강의를 수강중인 1기생 모습 〉

들도 이런 환경에서의 수강이라면 절대 강의에 대해 가벼운 마음을 먹으면 안 되겠다는 생각이 들게 끔 하고 싶었다.

강의는 강사가 하고, 교육생이 듣는다. 그들의 장점을 최대한 이끌어 내서 최고의 성과를(측정이 불가능해도) 이끌어 내고 싶었다. 한국교원대학교의 교육박물관은 그런 의미에서 최고의 장소였다.

자문회의

이 정도 조사 이후, 2012년 8월 30.(목) 15:00~18:00에 인간과 복지 출판사 대표로 계시는 이00 대표님과 김00소장님을 뵙고 자문을 구했다. 책을 쓰는 것이 목적이기도 했지만 쓰는 행위 자체가 전부가 아니라고 생각하였다. 그렇기에 두 분을 뵐 수 있는 것은 참 귀한 일이었다.

이00 대표님은 복지관 기관장이며 출판사 대표로 활동하시고 계시는 복지 분야에 대선배님이시고, 김00소장님은 00복지출판사를 통해서 글을 쓰고 지도하는 일을 하고 계신 분이다.

책을 쓰는 교육이 필요하다는 점을 누구보다 인식하고 있다고 생각했기에 기획에 대한 의도를 설명하면 전폭적으로 지지해 줄 것이라고 생각했었다. 그래서 이 과정을 기획하며 가장 중요하게 염두 해둔 분들이 바로 위의 두 분 이었다. 여러 조언을 해 주셨지만 그중 가장 중요하다고 생각하는 부분은 크게 두 가지였다.

첫째, 당초 계획과는 다르게 자칫 글을 쓰는 과정으로만 전락할 수 있으니 이 부분에 대한 보완을 위해 철학적인 부분을 계속 짚어 줄 수 있는 분을 지도교수로 모시고 가야한다는 점.

둘째, 공무원의 단순 업무 기술만이 아니라 민원인들을 대응한 사례들을 담는 등 현장의 사례들이 잘 정리될 수 있도록 염두에 두어야 한다는 점이다.

덕분에 여러 조언을 듣고 교육과정을 기획할 수 있었으며 특히 김00소장님이 조언 해 주신대로 철학적인 부분을 보완하여 운영될 수 있도록 김00교수님도 섭외하여 보완하였다.

1차 자문회의를 마치고 바로 2차 자문회의를 준비하였다. 2차 회의에 앞서 과정의 이름을 정하였는데, '복서원'이라는 이름을 처음 쓰기 시작한 때가 2차 회의 직전이었다.

제목에서부터 철학적 바탕이 들어 갈 수 있는 과정으로 만들기 위해 많은 고민을 했었다. 복지라는 이름이 들어가는 것이 마땅할 것 같고 기록의 의미가 들어가면 좋겠다고 생각했다. 공익을 위한 울타리 안에서 고민을 해봤다는 의미가 전달되면 좋겠다고 생각했다. 한자를 쓰는 것이 그리 좋지 않게 보일수도 있지만 의미와 뜻을 한 번에 전하기 좋은 문자는 한자가 어떨까 생각했다.

회의에 앞서 글을 쓰는 것이 목적(이후에는 그것이 수단임을 명시하였지만)이라는 점을 뚜렷이 부각하는 것이 교육생들에게 어필할 수 있을 것이라고 생각도 하여 부제를 한글로 만들었다.

「福書院(사회복지 글쓰기 과정)」

책을 쓰는 것만이 아니라 책을 쓰면서 스스로를 성찰해야하기 때문에 이와 같은 강의를 해주실 분을 찾았다. 1차 자문회의 전까지는 현직 사회복지관 관장이면서 출판사 대표를 하고 계신 이00 선생님을 염두하고 과정을 기획하였으나 본인이 고사하여 부득이하게 다른 분을 찾았다.

김00 소장님을 모시고 싶은 마음도 있었지만 철학적인 부분을 채워 줄 수 있는 분, 그런 분을 모시고자 했기에 생각한 분이 김00소장님이셨다.

김00소장님은 독일 괴팅겐대학에서 사회학을 전공 후 한남대학교 사회복지학과에서 교수로 퇴임하셨다. 평소 '표주박 통신[17]'을

---

17) 표주박통신은 1987년 3월부터 김00이 그의 사랑하는 벗들: 제자, 친구, 친지, 사회활동

통해 끊임없이 글로 소통하고, 민들레의료생활협동조합 이사장, 함석헌기념사업회 이사장, 대전환경운동연합 공동대표를 역임하는 등 다양한 사회 활동도 함께 하시는 분이기에 사회를 통찰력 있게 바라고 그것을 글로서 정리하는 교육에 적임으로 판단되어 모시게 되었다. 김00교수님을 모신 뒤 교수님과 평소 출판관련 교류가 있는 출판사를 소개받아 담당직원과 논의하였고, 대전에서 현업에 근무 중인 사회복지전담공무원을 모셔서 과정에 대한 자문을 구했다.

자문은 전체 교육일정 및 커리큘럼 구성, 세부 과정에 대한 안을 작성하는데 도움을 받았다.

과정을 기획하기 몇 해 전, 보건복지부의 모 과장님께서 업무를 기록하는 방식에 대해 본 적이 있다. 그 분은 업무를 담당하는 순간부터 모든 업무를 A4크기의 노트에 기록하고, 관련한 자료 중 유의미한 데이터는 클리어파일에 우선 넣는다고 한다. 이후 인사발령이 나서 이동을 해야 한다면 본인의 그 노트를 후임자에게 전달하고 그것을 바탕으로 간단한 인수인계를 마친다고 한다.

을 함께 하는 분들, 뜻을 같이 하는 분들에게 보내는 편지로 시작된 작은 잡지입니다. 1월, 3월 5월 7월 9월 11월 마지막 날에 보내는 것을 원칙으로 합니다. 바라는 바에 따라서 우편으로 편지처럼 받을 수도 있고, 전자우편으로 받으실 수도 있으며, 홈페이지를 이용하실 수도 있습니다.
표주박통신은 일종의 사회운동으로 번져나가기를 희망하고 있습니다. 바닷물처럼 거대한 물이 너러워졌다고 하더라도 어디에선가 그치지 않고 맑은 물이 샘솟는다면 그 물은 깨끗해 질 수 있으리라는 굳건한 믿음에서 삽니다. 한 방울의 더러운 물이 한 동이 맑은 물을 더럽힐 수 있다면, 거꾸로 한 방울의 맑고 깨끗한 물이 한 동이 더러운 물을 맑힐 수도 있다는 믿음은 당연한 것이라고 봅니다. 그 믿음에서 이 일을 합니다. 그렇게 하다보면 자기 자신이 맑아질 것이고, 세상이 맑아질 것이라고 믿고, 그리고 평화로운 세상살이가 되리라고 꽉 믿습니다.
궁극에 가서는 생명 또는 생활공동체를 꾸릴 수 있다면 더 없이 좋겠습니다. 그 일을 위하여 우리 모두 마음과 힘을 모아 보도록 합시다. 그러나 우리는 할 수만 있다면 누가 권장하여서가 아니라 스스로 속에서 밀어 올리는 힘에 따라서 그렇게 일하기를 바라고 있습니다.(표주박통신 홈페이지 발췌 : http://pyojubak.hannam.ac.k)

그 말씀이 생각났다.

앞에서도 말했지만, 사회복지업무를 담당하는 공무원들은 사회복
지전담공무원이라고 할지라도, 보통은 6개월에서 2년 사이에 인사
이동을 겪는다. 인사이동 후에는 새로운 업무에 대한 인계를 받는
것이 중심이 될 수밖에 없는 구조이고, 기존 업무의 마무리와 신
규 업무의 받아들임을 함께해야 하는 입장에서 체계적으로 인수
인계가 이뤄지기가 어렵다.
전임자가 계속 근무를 함께 한다면 수월하겠지만 퇴직이나 전혀
다른 기관으로의 전보 등이 이뤄지는 날에는 그나마도 업무를 이
어받기가 어렵게 된다.

이 문제를 어떻게 해결 할 수 있을까를 계속 고민했다. 회가 거
듭할수록 지자체 자체적인 통해 업무의 사례를 묶은 실무사례집
이 만들어질 것이고, 공공에서 제공하는 서비스가 기록되어 넓게
는 학자와 학생들 그리고 다른 직무의 동료들과의 협업에도 긍정
적 영향을 미칠 수 있을 것이라고 생각해 봤다.

2차 회의에서는 1차에 비해 조금 더 구체적인 기획방법이 논의
되었다. 외부 전문가의 활용을 통한 결과물 중심의 교육 필요성,
월 1회 교육에 대한 부담을 줄이기 위한 방법모색과 홍보 방법에
대한 검토필요에 대해 의견을 들었다.
과정에 대한 기획 틀을 갖고, 의견을 구한 뒤 초안을 만들기로
하였다. 이 초안을 바탕으로 김00교수님께서 검토한 뒤, 회신을
주었다

우선 이러한 의견을 바탕으로 12월까지 교육을 기획하였다.

교육과정에 대한 개요를 작성하였다. 총 7기로 운용하되, 1기는 워크숍으로 하여 가급적 많은 교육생들이 참여할 수 있도록 유도하였다.

일반적으로 책이라는 것은 대부분

〈 제2차 자문회의 모습 〉

의 사람들이 쓰고 싶지만 쉽게 접근이 안 되는 부분이 많다. 따라서 처음부터 책을 쓰는 교육이라는 것을 노골적으로 어필했을 때 장점과 단점이 너무 선명하게 구분이 되었기 때문에 적절히 수위 조정 함이 필요하였다.

민간종사자들에 대해서도 과정을 신청할 수 있도록 고민하였으나 이미 '푸른복지출판사'등을 통해 민간영역에서는 책이 쓰이고 있었고, 우선은 공무원의 기록으로 그 범위를 좁혀서 운영 해 보는 것이 좋겠다고 판단되었다.

구성은 지식, 기술, 태도를 함께 배울 수 있도록 준비하고자 하였다. 우선 태도 부분에서 사회복지와 행정의 가치에 대해 논하는 것이 좋겠다고 생각하였다. 강사로 마음으로 두고 있던 보건복지부의 모 과장님이 계셨고, 그 분을 통해 사회복지업무를 기록하는 것에 대한 중요성과 공공행정을 하는 직업인으로서 의식 등에 대해 생각하는 시간을 준비하고자 하였다.

2차 자문회의를 거치며 교육에 대한 기본 안은 구성이 되었다.

과정을 기획하기 전에 자문회의를 거치는 것은 매우 중요하다. 그 이유는 두 가지가 있다.

첫째는 내부적인 문제로 자문회의 결과에 따라 부서 내부의 우려에 대응 할 수 있다. 새로운 것을 준비하기 위해서는 많은 고민이 필요하다. 성과를 관리하고 효율을 생각해야 하는 관리자 입장에서는 더더욱 그렇다. 그렇기 때문에 자문회의를 거친 결과는 객관적으로 설명할 수 있는 좋은 방법이 된다.

둘째는 기존의 예상을 완전히 뒤집는 결과가 항상 나오기 마련이기 때문이다. 자문회의를 하는 대상을 기획의도에 맞는 의견을 잘 이해하고 객관적으로 대응할 수 있는 인물이어야 한다는 전제가 있지만, 대부분 기획의도 등에 대해 이해하지 못하는 경우가 보다 객관적으로 자문을 하는 경우가 많기 때문이다. 이 부분에 있어서는 직접 교육에 참여하는 대상이 되는 사람들이 가장 효과적이라고 생각한다.

가끔 내가 하고 싶은 일에 대해 의견을 구할 때 상대방에게 의견을 구하면서 토론하다보면 꼭 해야 하는 이유를 스스로 정리하고 내 생각이 더욱 잘 정리되는 경험이 있다.

자문회의를 통해서 내가 기획한 것에 대해 전문가의 권위를 통해 내부적인 설득을 가능할 수 있고 객관적인 의견을 통해 기획의 성패를 미리 시뮬레이션 할 수 있는 점이 매우 도움이 되었기에 꼭 필요한 과정이라고 생각한다.

3. 기획 안

　회의를 통해 과정명은 '복지사례탐구과정'으로 정하였다. 원래는 사회복지글쓰기과정이라는 이름으로 시작하였으나, 지나치게 직관적인 이름은 책을 쓰는 방법만 교육하는 것으로 인지할 수 있다는 일부 의견이 있어서 '탐구'에 포인트를 둔 이름으로 바꿨다.

　교육의 취지가 복지업무를 종사하며 배운 지식을 기록하고 그 과정을 통해서 스스로 업무에 대해 돌아볼 수 있는 기회를 가질 수 있는 과정임에 따라 과정명에 '탐구'라는 단어가 들어가게 된 것이다.
　개인적으로는 '복지사례탐구과정'이라는 제목이 이 교육의 취지를 100%담지 못한다고 생각했다. 하지만 처음 시도되는 교육과정이라 그런지 이름의 작명에서부터 교육생 모집에 도움이 되고, 교육생들이 호감을 가질 만한 이름으로 만들어져야 한다는 부담이 있어서인지 좀처럼 당초 기획한 방향대로 이뤄지지 못했다.
　그럼에도 다양한 의견을 듣고 그것에 맞춰서 기획되어야 했기 때문에 부제목이라도 '복서원'이라는 이름이 들어간다면 교육을 기획한 취지에 맞는다고 판단하여 '복지사례탐구과정'을 수용하게 되었다.
　이 '탐구'라는 단어가 들어가서 1회차에 처음 온 교육생 중 일부는 현장견학을 하는 교육이라 이해하고 신청하기도 했다. 우려했던 것이지만 어찌되었든 그 이름으로 인해 교육을 참여한 사람이 늘었으니 이름의 효과가 있었던 것인지도 모르겠다.

　우여곡절 끝에 교육에 대한 기본방향이 잡혔다.

　기간, 장소, 대상에 대한 확정은 교육의 기본 골격을 형성함을 의미하고, 홍보 등의 일정과 자문위원 구축을 통해 최종기획안이 만들어 지기까지 그 과정에 대한 개선 노력이 정리될 수 있게 되었다.

교육을 기획하는 사람에게는 교육 대상에게 필요로 하는 것(need)과 요구하는 것(want)의 차이를 정확히 간파하며 기획해야 한다고 생각한다. 매우 힘든 일이지만 그것이 교육을 기획하는데 있어서 중요한 것이라고 생각한다.

많은 경우 사람들은
원하는 것을 보여주기 전까지는
무엇을 원하는 지도 모른다.

굳이 새로운 것을 발명할 필요는 없다.
단지 조합하면 된다.

- Steve Jabs -

스티브 잡스의 명언 중, 많은 경우 사람들은 원하는 것을 보여주기 전까지 무엇을 원하는 지도 모른다는 말이 있다. 이는 그들이 필요로 하는 것을 정확히 짚어줬을 때 나오는 반응이라고 생각한다. 교육생들이 원하는 것만 한다면 교육의 목적을 달성하는데 한계 있을 수밖에 없다.

어떤 교육생은 이론만을, 어떤 교육생은 휴식만을, 어떤 교육생은 실습만을 원한다고 해서 그대로 교육을 기획한다는 것이 바람직하지 않다는 것은 누구나 공감할 수 있는 것일 것이다.
따라서 교육을 기획하기 위해서는 교육생들의 need를 정확히 파악하여 기획해야 하고, 그것은 새로운 것을 발명하는 것이 아니라 교육을 둘러싸고 있는 다양한 want의 파악을 통해 이 둘을 잘 조합하여 목표를 달성하기 위한 최적을 이끌어 내면 된다고 생각한다.

교육을 통해 기획자가 원하는 방향으로 생각 할 수 있고, 것이 무엇인지 일깨워 줄 수 있으면 교육생들은 교육을 통해 감동받게 된다.

그 과정을 위해 지금까지 목표를 세우고 철학을 정리했으며, 문헌연구와 자문회의를 통해 계획을 다듬어 왔다. 그 결과 다음 장과 같이 교육의 계획안이 완성될 수 있었다.

복지현장탐구과정(福書院) 계획안

(2013. 2. 1. 00교육부)

□ 과정검토 배경

○ (현 황)
- 사회복지업무담당자의 인사이동에 따른 업무 노하우 전수 부족
- 교육 이후 습득한 업무해결 방법의 사례에 대한 공유 필요
- 연도별(사업별) 현장 사례에 대한 체계적인 관리체계 필요

○ (목 표)
- 업무의 운영 사례를 기록을 통해 업무 노하우를 공유한다.
- 출판의 결과물은 관련교육과정 보조교재로 활용
  ※ 업무매뉴얼과 업무 수기의 중간단계인 '실무사례수필'로 목표

□ 과정 개요

○ (기 간) 2013년 4월부터 ~ 10월까지, 총 7회 운영(기당 15시간)
○ (장 소) 한국보건복지인력개발원(KOHI), 충북 오송

○ (대 상) 지자체 사회복지업무담당 및 복지업무관련 공무원, 20명

– 현재 업무 종사자 우선 선발, 신청자 대상 담당자 상담 후 확정

○ (과정기획) 윤재호 주임

○ (선발방법) 교육신청(시도) → 개별상담 및 확정(00교육부) →

선발확정(00기획부)

○ (홍 보)

– 시도 공문(00기획부), 시도 및 시군구 담당부서(00교육부)

– 한국사회복지행정연구회

– KOHI 수료생

○ 운영일정

구분	1월	2월	3월	4~5월	10월	11월
운영위원회 발족	■					
홍보 및 선발	■	■	■			
과정운영				■		
최종수료 및 평가					■	■

○ (교육시간)

구분	시간	시간	내용
1일차	9:00~10:00	1시간	행정(과정안내)
	10:00~12:00	2시간	교육 및 토론
	12:00~13:00	중식	
	13:00~18:00	5시간	교육 및 토론
	18:00~19:00		
	19:00~21:00	2시간	교육 및 토론
2일차	9:00~12:00	3시간	교육 및 토론
	12:00~13:00	중식	
	13:00~14:00	1시간	교육 및 토론
	14:00~15:00	1시간	행정(수료)

○ 운영위원회 운영 계획
- 위원회 구성(안)

번호	강사	소속기관	직책	비고
1	김OO	한남대학교	교수	지도교수
2	김OO	푸른복지출판사	이사	운영위원
3	변OO	OO출판사	팀장	운영위원
4	고OO	충청북도	사무관	운영위원
5	이OO	인천광역시 부평구	주무관	운영위원
6	김OO	대전광역시 동구	주무관	운영위원
7	한OO	한국보건복지인력개발원	교수	운영위원(내부)
8	윤재호	한국보건복지인력개발원	주임	운영위원(내부)

- 주요역할 : 영역별 자문 및 교육생 연구테마 지도교수 역할 수행 등
[붙임] 세부교육계획

회기	일시	교육 내용		강사(소속)
1회	4.11.	기록의 중요성과 복지담당 공무원의 업무가치		
		9:10~10:00	교육등록 및 안내	윤재호
		10:10~12:00	지역복지와 기록	송OO 과장(보건복지부)
		13:10~15:00	작은 나눔부터 시작하는 글쓰기 (표주박 통신을 중심으로)	김OO (한남대학교교수)
		15:10~18:00	사례연구1 (나의 일과 기록)	김OO
		19:10~21:00	사례연구2 (읽어야할 책 그리고 공유)	김OO
	4.12.	9:10~12:00	기록의 중요성과 기록의 실제: 아날로그 시대와 디지털 시대의 기록	임OO 교수 (명지대학교)
		13:10~14:00	수료 및 평가	윤재호
2회	5.15.	책이 만들어지는 과정과 출간사례		
		9:10~10:00	교육등록 및 안내	
		10:10~12:00	책을 어떻게 쓰고 만들어 지는가? (출판사 업무를 중심으로)	박OO 총괄이사 (OO출판사)
		13:10~15:00	공무원으로 글을 쓴다는 것은? 책을 쓴다는 것은! (저서: 공무원, 안주(安住)는 독이다)	심OO 동장 (관악구 신사동)
		15:10~18:00	민관의 협력, 글을 통해, 기록을 통해 (여민동락-마을공동체만들기 좌충우돌의 기록)	강OO 관장 (광산구노인복지관)
		19:10~21:00	글쓰기의 중심(1부) -사회복지공무원답게 실천하기-	김OO
	5.16.	9:10~12:00	사례연구 -글쓰기 틀 완성 (머릿글과 목차를 중심으로)-	김OO, 김OO
		13:10~14:00	수료 및 평가	윤재호

회기	일시		교육 내용	강사(소속)
			나의 공직과 나의 기록계획	
3회	6.13.	9:10~10:00	교육등록 및 안내	윤재호
		10:10~12:00	글쓰기의 중심(2부) -사회복지공무원답게 실천하기-	김OO
		13:10~16:00	사례연구 -집필과정 토론 및 발표-	김OO
		16:10~18:00	실습 -원고작성 및 토의-	김OO
		19:10~21:00	사례연구 -집필사항 토론-	김OO
	6.14	9:10~12:00	사례연구 -선행사례 연구 및 발표-	김OO, 김OO
		13:10~14:00	수료 및 평가	윤재호
			올바른 글쓰기 기술과 나의 집필 계획	
4회	7.11.	9:10~10:00	교육등록 및 안내	윤재호
		10:10~13:00	사례연구1(집필 및 검독)	김OO
		14:10~16:00	사례연구1(집중집필)	김OO
		16:10~18:00	사례연구3(검독)	김OO
		19:10~21:00	중간평가	김OO,
	7.12.	9:10~12:00	올바른 글쓰기 기술	박OO 교수 (국립국어원)
		13:10~14:00	수료 및 평가	윤재호
			집필 교정 및 사례연구	
5회	8.29.	9:10~10:00	교육등록 및 안내	윤재호
		10:10~12:00	집필-교정	김OO, 김OO
		13:10~15:00	집필-교정-검토-평가	김OO, 김OO
		15:10~18:00	사례연구1 (나의 집필현황 나누기)	김OO
		19:10~21:00	사례연구2 (원고 집필과 자료조사)	김OO, 김OO, 윤재호
	8.30.	9:10~12:00	집필-교정-평가	김OO, 김OO
		13:10~14:00	수료 및 평가	윤재호
			집필 교정 및 사례연구	
6회	9.26.	9:10~10:00	교육등록 및 안내	윤재호
		10:10~12:00	원고 정리	김OO, 김OO
		13:10~15:00	원고 정리, 원고 검토-상호토론	김OO, 김OO
		15:10~18:00	사례연구1(나의 집필현황 나누기)	김OO
		19:10~21:00	사례연구2(원고 상호토론)	김OO, 김OO, 윤재호
	9.27.	9:10~12:00	원고 정리, 상호토론	김OO, 김OO, 윤재호
		13:10~14:00	수료 및 평가	윤재호
			집필 교정 및 사례연구	
7회	10.31.	9:10~10:00	교육등록 및 안내	윤재호
		10:10~12:00	원고 최종정리	김OO, 김OO, 윤재호
		13:10~15:00	원고 최종정리, 출판에 대한 점검	김OO, 김OO
		15:10~18:00	사례연구(결과의 출판 방법)	김OO, 김OO
		19:10~21:00	출판관련 준비와 정리	김OO, 김OO, 윤재호
	11.1.	9:10~12:00	집필결과 발표	김OO, 김OO
		13:10~14:00	수료 및 평가	윤재호

4. 교육의 홍보

공문서를 통한 홍보

공무원을 대상으로 하는 교육의 경우 교육생 모집을 위한 가장 효과적 방법은 상급기관에서 교육대상자 이름을 공문에 적어서 보내주는 것이라고 생각한다.

그 다음으로 교육을 보내는 것을 결정할 수 있는 사람에게 정확히 공문이 들어가서 그 필요에 따라 교육에 참여할 수 있도록 안내하는 것이라 생각한다.

공무원 교육에는 공문의 활용이 절대적으로 필요하다. 다만 그것이 너무 과하지도 덜하지도 않고 정확히 교육의 대상이 될 수 있는 사람들에게 전달될 수 있도록 하는 것이 중요하다.

공무원 조직에는 후임을 알뜰하게 챙기는 분들이 많으셔서 선임으로부터 "이런 교육 어때?"라고 추천받는 경우가 있다. 그런 분들에게 정확하게 공문이 전달되기 위해 고민을 했었다.

기존에 KOHI에서는 매월 정기적으로 교육에 대한 안내를 '시도→시군구→읍면동'으로 공문을 통해 안내되어 왔다. 이 과정에서 문서를 접수하는 곳은 시군구의 교육부서이며, 교육담당자 입장에서는 다양한 교육과정을 한 번에 담아 안내하기 때문에 교육수요가 있을 수 있는 대상에게 직접 전달되기가 좀처럼 쉽지 않았다.

'복서원'의 경우는, 위 프로세스를 거침과 동시에 보건복지부의 관련부서를 통해 각 보건복지부 지역복지과와 연계된 시군구의 담당과에 직접 공문이 발송될 수 있도록 유도하였다.

우선 이 과정에 대해 보건복지부 지역복지과 담당자에게 설명하여 교육의 효과 등에 대해 이해를 구한 다음, KOHI에서 협조공문을 보건복지부로 보내면 보건복지부에서 시군구로 해당과로 공문을 발송하여 교육이 홍보될 수 있도록 안내하였다.

　이 방법은 매우 효과적이었다. 교육생들의 대부분이 평소 교육에 대한 욕구는 있었으나 교육모집에 대한 정보가 부족하여 신청하지 못하는 경우가 많았는데, 이러한 홍보를 통해 적어도 시군구의 해당과에 공문이 접수되고 그 공문이 상급기관의 공문이기 때문에 한번 더 눈여겨보게 되었다.
　같은 과의 동료가 다른 동료에게 추천하기도 하고 상급자가 하급자에게 추천하여 교육을 보내는 것을 결정하는 소속기관 인사부서에 요청 후 교육을 참여할 수 있는 기회를 얻게 된다.

　교육을 보내는 시군구 입장에서는 교육비, 여비 등의 부담으로 많은 수를 교육 보낼 수 없다. 아울러 '복서원'과 같이 7회 동안 교육에 참여해야 한다는 것이 어렵기 때문에, 쉽게 받아들여지지 않기도 한다. 그럼에도 본인의 의지가 있으면 그러한 문제는 해결될 수 있기도 하다. 실제 1기에 참여했던 교육생들 중에는 개인연차를 내서 교육에 참여하기도 하고, 교육비를 자부담으로 내면서까지 교육에 참여하는 경우도 보았다.
　일반적으로 교육비는 교육을 보내는 기관에서 우리 기관으로 통장 입금을 하는 것이 일반적인데 본인이 교육비를 부담해서 오는 교육생의 경우 교육에 직접 와서 자부담을 한 적이 있다.
　그 모습을 보면서 교육에 참여하고자 하는 교육생의 열정이 느껴졌고, 교육을 기획하고 운영한 사람으로서 많이 감동하였다.

　공무원들의 언어는 '공문'이다. 따라서 이 '공문'을 통한 홍보는 공무원 교육에 있어서 가장 첫 번째로 고려되어야 할 방법이라고 생각한다.

포스터를 통한 홍보

아무리 맛있는 음식이 있어도 먹음직해야 손이 간다. 아무리 좋은 교육이라도 교육에 참여하는 교육생들이 있어야 성공 될 수 있는 것이기에 교육생을 모집하는 것에 많은 노력을 기울였다.

앞서 공문을 통한 홍보에서도 함께 쓴 방법이기도 한데 포스터를 제작해서 홍보하는 방식이다.

교육을 홍보하기 위해 사용하는 방법은 ①공문, ②기관 홈페이지, ③유관기관 홈페이지, ④관련 커뮤니티, ⑤기관이나 개인 SNS까지 동원하여 여러 경로를 통해 홍보하게 된다.

이 때 워드프로세서 문서 등으로 만들어진 홍보물 보다 포스터로 만든 홍보물은 시각적으로 전달력이 더 높다고 생각한다. 따라서 다음의 두 가지에 주안점을 두어 제작하게 되었다.

첫째 홍보물에 기획자의 진정성을 느껴지게 만들자. 둘째 홍보물을 보고 참여 및 업무에 목표가 생기도록하자.

우선 시각적으로 빼어나서 기획자가 이 과정에 많은 노력을 기울이고 있음을 느끼게 해 주는 것이 중요하다. 글과 이미지를 총동원하여 처음보고 호기심에 열어보고, 내용에 감탄 할 수 있는 진정성이 있도록 만드는 것이 중요하다. 그것을 위해 디자인의 기술적 노력은 평소 교재를 작성하는 곳에 의뢰하여 교육의 취지 등을 설명 후 초안을 구성하였고, 초안에 따라 세부 문구 등은 수정하여 만들었다.

홍보물만 보고도 참여하고 싶은 동기가 나오도록 하기 위해서는 가장 중요한 것이 호기심을 이끌만한 내용을 넣고 나머지는 직접 연락하여 추가적으로 확인할 수 있도록 홍보하는 것이다. 이를 위해 담당자의 연락처 등이 자세히 노출하여 구체적인 상담을 받도록 유도하는 것이다.

읽는 사람 입장에서 궁금한 것을 해결해 가면서 읽도록 홍보물을 구성하여 읽다가 더 궁금하면 연락할 수 있도록 구성하고, 만약 교육생이 궁금해서 전화 등으로 문의가 온다면 그 교육생은 90% 교육에 참여할 것이다.

이렇게 연락 온 교육생에게 진정성이 느껴질 수 있도록 안내하는 것도 중요한데, 홍보물을 열심히 만들다 보면 교육생 입장에서 더 고민하게 되니 교육생이 참여하기 위해 문의를 했을 때 기획자의 뜨거운 열정과 진정성은 자연스럽게 표현될 수 있다.

그런 의미에서 교육을 기획하고 운영하는 사람이 같은 것이 교육의 성과를 높이는데 중요하다. '기획-운영-평가'가 과정에 모두 참여하여 모니터링을 할 수 있는 체계는 교육을 선순환 하는데 중요한 포인트이고, 그 기획과 운영의 사이에 홍보도 매우 중요한 업무 중 하나다.

다음 장은 '복서원'과정의 홍보 포스터이다.

교육의 철학을 담아낸 전통적인 디자인에 교육을 기획한 사람의 취지를 가장 서두에 안내하였고, 교육개요를 설명한 뒤 신청방법과 문의방법을 안내하였다. 여기까지만 보고 바로 문의를 하는 성격 급한 사람들을 위한 일종의 배려였다.

조금 더 참을성이 있는 사람들은 그 다음을 통해 교육의 내용에 대해 인지할 수 있고, 이후 색감과 구조를 달리하여 문의가 필요할 경우 연락할 수 있는 연락처를 한 번 더 안내하였다.

효과를 측정 할 수는 없었지만 이 홍보포스터 한 장을 통해 KOHI에서 운영하는 교육과정의 남다름과, 다른 교육과정 중에서도 남다른 취지로 만들어지고 있는 것이 어필될 수 있었다고 생각한다.

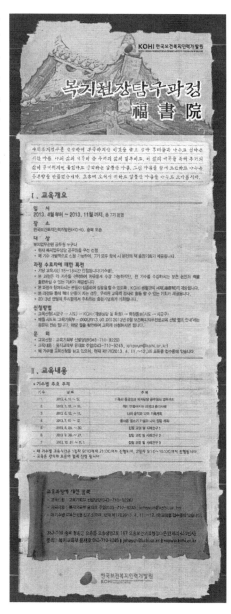

교육을 통한 홍보(틈만 나면 홍보)

사회복지업무를 담당하며 부족하지만 그것을 글로 담아 동료들과 나누고 싶다는 거한 마음, 나의 삶의 기록이 곧 우리의 삶의 일부이고, 그 삶의 기록을 통해 우리의 삶이 더욱 풍요로와 지길 바라는 알뜰한 마음, 그 마음을 갖고 있는 당신에게 추천합니다.

복지현장탐구과정(福書院)

우리 지역 주민들의 삶의 질 개선을 위해 공무원이 할 수 있는 일은 참 많습니다. 마을의 주민들이 주인이 되는 복지사업 그 사업을 기획하는 방법을 알려드리고 실행하는 방법까지 안내 해 드립니다.
교육 이후 현업에 적용하는 전략을 함께 고민하며 뜨거운 열정을 다시 느낄 수 있는 교육 그 교육을 원하는 당신에게 추천합니다.

I am 복지디자이너-복지마을만들기 2013

문의: 윤재호 043-710-9245

틈만 나면 홍보에 열을 올렸다.

교육을 진행되는 과정에도 그 과정에서 만들어진 사진들을 이용해 지속적으로 홍보하였다. '복서원'교육에서 'I am 복지디자이너'

교육을 홍보하기도 하고 그 반대도 하였다.

 당장 올해만 교육생을 모집하고 말 것이 아니라 내년도 그 후에도 있을 것이라고 믿음이 있었기 때문에 교육에 대한 홍보는 길게 보며 계속 되었다.

 이 과정을 통해 교육에 참여하는 사람들이 교육에 대한 신뢰가 한층 높아질 수 있다는 기대도 했다.

외부 기관을 활용한 홍보

 '복서원'에 교육을 올 수 있는 잠재고객이 누구인지 분석을 해봤다. 마침 한국사회복지행정연구회(이하 한사연)에서 매년 '공공복지 정책비전 대회 수상자'를 배출하고 있다는 것을 알았다.

 일종의 수기집 같이 정책비전을 모집하고 그것을 글로서 만들어내는 결과물이 있는 것으로 그 곳에 글을 쓴 사람이라면 평소 글을 쓰고 업무를 기록하는 것에 관심이 있을 것이라고 생각했다. 그렇다면 분명 '복서원'에도 관심이 있을 것이라고 예상하였다.

 이 사실을 파악 후, 한사연에 연락해서 협조를 구했다.

 한사연 홈페이지에도 안내를 요청하고 수상자들에게도 연락이 될 수 있도록 협조를 구하여 공문 및 포스터와 함께 안내하였다. 1기 교육생들 중에 한사연을 통한 신청을 한 경우는 확인할 수 없었으나 교육대상을 좁혀서 집중 홍보하는 방식을 취하는 것은 경우에 따라 매우 효과적이라고 생각하였다.

 특히 사회복지업무를 담당하는 공무원들에게 홍보하는 경우는 한사연의 조직력을 활용하는 것이 꼭 필요하겠다고 생각한다.

보다 전문적인 기획을 위해(NCS, www.ncs.go.kr)

교육기획을 할 때 보다 전문적이고 객관적인 기준이 있을까?

교육학이나 교육공학을 전공하지 않은 입장에서 교육기획을 위한 기준을 찾기는 어려움이 많았다. 근무하고 있는 회사 자체의 기준이 있었지만 그 기준이 가장 맞는 것일까? 이런 의문이 항상 있었다. 이에 관련한 자료를 찾아보다 객관적인 기준으로 볼 수 있는 근거를 찾았다.

국가직무능력표준(NCS: National Competency Standards, 이하 NCS)이다. NCS는 산업현장에서 직무를 수행하기 위해 요구되는 지식·기술·소양 등의 내용을 국가가 산업부분별 및 수준별로 체계화 한 것을 말한다.

NCS의 분류체계는 직무의 유형을 중심으로 단계적으로 나뉘는데, 한국고용직업분류(KECO: Korean Employment of Occupations)를 중심으로 한국표준직업분류, 한국표준산업문류 등을 참고하여 분류하였으며, 2017년 3월을 기준으로 '대분류(24개) → 중분류(80개) → 소분류(246개) →세분류(928개)'의 순으로 구성된다.

사회복지분야도 분류되어 있으며, 능력단위 코드, 능력단위 정의, 능력단위 요소, 수행준거, 지식·기술·태도, 적용 범위 및 작업 상황, 평가 지침, 작업기초능력으로 구성된다.

이에 따르는 양식을 NCS 홈페이지(www.ncs.go.kr)에서 무료로 제공하고 있으며 각 산업분야별 우수 사례를 공개하고 있으니 교육기획과 관련해서는 NCS 홈페이지에 들어가서 학습 후 근무환경에 맞는 교육계획에 참고 될 수 있기를 바란다.

NCS 학습모듈은 능력단위와 일치하게 구성되어 있다. 학습모듈의 학습내용(필요 지식, 수행내용, 재료·자료, 기기(장비·공구), 안전·유의 사항, 수행 순서, 수행tip)에 따라 각각 필요한 양식도 제공되고 있다.

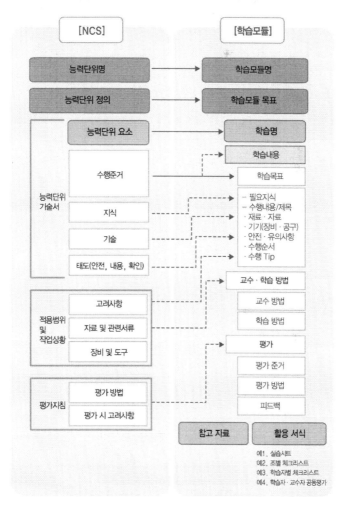

< NCS와 NCS학습모듈의 연결 체계[18] >

---

18) 출처: 교육부, 한국직업능력개발원, 「2017년도 NCS학습모듈 개발 메뉴얼」

사회복지 분야에 대한 분류는 다음과 같다. 조금 더 세분화 될 필요가 있다는 의견도 있지만, 현재까지 기준으로 많은 전문가들이 합의한 내용이니 참고 될 수 있다.

대분류	중분류	소분류	세분류
계	3	6	16
07. 사회 복지, 종교	01. 사회복지	01. 사회복지정책 .	01. 지역사회복지개발
			02. 사회복지기관운영
		02. 사회복지서비스	03. 공공복지
			01. 사회복지프로그램운영
			02 일상생활기능지원
			03. 사회복지면담
			04. 사회복지사례관리
	02. 상담	01. 직업상담서비스	01. 직업상담
			02. 취업알선
			03. 전직지원
		02. 청소년 지도	01. 청소년활동
			02. 청소년상담복지
			03. 진로지원
		03. 심리상담	01. 심리상담
	03. 보육	01. 보육	01. 보육
			02. 산후육아지원

< NCS 및 NCS학습모듈 개발 현황[19] >

---

19) 출처: 교육부, 한국직업능력개발원, 「2017년도 NCS학습모듈 개발 메뉴얼」

제3장 교육의 운영사례

1. '복서원'의 1회차

1) 세부기획

1회차 목표는 '기록의 중요성과 복지담당 공무원의 업무가치'다.

그 첫 강의를 복지정책을 이해하고 지역복지와 기록의 중요성을 고찰하기 위한 강의로 준비하였다. 이를 위해 보건복지부 지역복지과 송OO 과장님에게 요청하였다.

송OO 과장님은 "지역복지를 고민할 때, 복지를 기준으로 고민만 하는 것이 아닌, 지역안의 모든 서비스(보건, 의료, 교육, 문화, 노동 등)

를 하나의 통으로 놓고 이해해야만 한다."는 말씀하신 적이 있다. 전적으로 동의한다. 사회복지서비스를 사회서비스로 개념을 확대하고 사회보장기본법에서 바뀐 개념과 그 맥을 같이한다고 생각했었다. 아울러 항상 현장의 전문가들이 글을 통해 기록을 남겨야 함을 중요하게 말씀하셨다.

이 부분이 공감을 하게 되어 '복서원'이라는 교육과정을 기획하게 된 것도 송00과장님의 강의를 들으며 그 필요성을 인지했기 때문이다. 그래서 정책 환경 이해 이후 기록의 가치에 대한 이해를 돕기 위한 교육을 준비하였다. 다만 실제 강의에 과장님은 참석하지 못하고 지역복지과의 류00전문위원님이 오셔서 강의 해 주셨다.

기록관리학회에서 왕성한 활동을 하고 계시는 명지대학교 기록관리학과 임00교수님을 초청하여 기록의 중요성과 현업에서의 기록과 효율적인 기록 방법과 기록의 가치를 이해할 수 있도록 하였다.
글을 쓴다는 것, 기록을 하기 위해 온 교육생들에게 기록전문가로부터 기록을 하기 위한 노력을 더할 수 있도록 하는 것이 무엇보다 중요하다고 생각하였다.

마지막으로 사례연구를 통해 첫 번째 자문회의에서 나왔던 철학에 대한 이해를 높이기 위한 강의를 준비하였다. 단순히 글을 쓰고 책을 만든다는 의미가 아닌, 글을 쓰는 과정을 통해서 지금까지 업무를 돌아보고 앞으로의 업무에 대해 생각할 수 있는 기회를 주는 것이 중요하다고 생각하였다.
아울러 이러한 과정을 동료들과 나누며 글을 쓰는 것에 대한 의미를 더욱 강화할 수 있도록 준비하였다. 일기, 편지, 보고서, 논문, 소설 등이 만들어지는 과정에 대해 이해하고 함께 기록하는 방법 등에 대한 예를 설명하기도 하였다.

이렇게 글쓰기의 필요성에 대해 정책적인 부분, 학술적인 부분, 자기 고찰(철학)적인 부분까지 고민하며 글쓰기 과정에 대한 필요성을 인지할 수 있도록 돕고자 하였다.

제1기 복지현장탐구과정(福書院) - 1회차 -

○ 교육 목표 : 기록의 중요성과 복지담당 공무원의 업무가치
○ 교과목 구성

번호	모듈	교과목명	시간	교육내용	강의방법	강사 (소속/직급)
1	정책 환경	**지역복지와 기록**	2	• 복지정책의 여건과 주요 과제 • 지역복지와 기록의 중요성 고찰		송OO과장 (보건복지부 지역복지과)
2	기록과 가치	**기록의 중요성과 기록의 실제:** 아날로그 시대와 디지털 시대의 기록	3	• 기록의 중요성과 현업에서의 기록 • 효율적인 기록 방법과 기록의 가치이해	강의 토론	임OO교수 (명지대학교 기록관리학과)
		작은 나눔부터 시작하는 글쓰기 (표주박 통신을 중심으로)	2	• 글쓰기의 가치 • 글쓰기 위한 준비와 실행		
3	사례 연구	**사례연구1**	3	• 나의업무와 기록 • 지금까지의 기록과 앞으로의 기록		김OO교수 (한남대학교)
		사례연구2	2	• 읽어야 할 책에 대한 나눔 • 지금까지 읽은 책과 앞으로 읽을 책에 대한 나눔		

○ 교육시간표

구분		4. 11.(목)	4. 12.(금)
1	09:10 ~ 10:00	**등록 및 교육안내** (윤재호 주임)	**기록의 중요성과 기록의 실제** -아날로그 시대와 디지털 시대의 기록- (임00 교수)
2	10:10 ~ 11:00	**지역복지와 기록** (송00 과장)	
3	11:10 ~ 12:00		
4	12:10 ~ 13:00	**중식**	**수료** (윤재호 주임)
5	13:10 ~ 14:00	**작은 나눔부터 시작하는 글쓰기** -표주박 통신을 중심으로- (김00 교수)	
6	14:10 ~ 15:00		
7	15:10 ~ 16:00	**사례연구1** -나의 일과 기록- (김00 교수)	
8	16:10 ~ 17:00		
9	17:10 ~ 18:00		
10	18:10 ~ 19:00	**석식**	
11	19:10 ~ 20:00	**사례연구2** -읽어야할 책 그리고 공유- (김00 교수)	
12	20:10 ~ 21:00		

2) 운영이야기

표지

사회복지, 꿈과 열정, 기록과 나눔

교재의 첫 페이지는 사회복지에 대해 꿈과 열정을 나누고 그것을 기록하여 나누자는 취지로 넣었다. 장기교육과정은 교육생들의 의지가 중요하기 때문에 1기와 2기에서는 교육에 꼭 참여해야겠다는 의지가 품도록 하게끔 준비했다.

사회복지업무를 담당하기 때문에 전문가로서의 자존심과 책임감, 책무를 생각 할 수 있도록 했으면 좋겠다고 생각했다.

사회복지에 꿈과 열정을 갖고 기록을 통해 나누고 성장하는 것이 전문가로서의 책무가 될 수 있도록 사명감이 될 수 있도록 느끼게 해 주고 싶었다.

그래야 교육을 계속 올 수 있고, 교육을 와야 책이 만들어 질 것이고, 그래야만이 책을 통해 결과를 함께 나눌 수 있기 때문이라고 생각했다. 교재의 첫 장부터 사회복지를 업(業)으로 하는 사람으로서 가져야할 마음가짐을 느낄 수 있도록 표지를 만들었다.

소소한 부분이었지만, 첫 장에 본 과정이 추구하는 철학을 공유함으로서 교육에 참여하는 마음

〈 교재의 첫 장에 오른 글 〉

가짐을 지속적으로 경계할 수 있도록 돕기 위함이었다. 한덕연 선생님의 복지요결을 참고하여 만들었다.

많은 사람을 모아야 한다.

교육을 기획하고 운영하는 입장에서 우선 교육의 흥행이 필수이다. 대부분의 행사를 운영해본 사람이라는 공감 할 것으로 생각한다. 흥행을 위해서는 다양한 요소들이 필요한데 처음 무언가를 시도하는 경우에 더욱더 그 흥행은 중요하게 작용한다.

교육인사발령 없이 장기교육과정이 공무원에겐 이뤄지기 힘들다는 편견과 함께 글을 써서 기록으로 남기는 것을 원하는 공무원이 많지 않다는 편견과 의미 있는 결과물이 나올지 모르는 교육에 많은 예산을 투자하는 것이 정말 맞는지 의문이라는 편견 등 다양한 편견으로부터 1차적으로 벗어나기 위해서는 우선 교육이 흥행되어야 한다.

대형 쇼핑몰이나 큰 시장에 가면 시식코너가 있듯이, 이 교육의 1차에 참여함으로서 복서원의 시식을 할 수 있는 기회를 만들면서 흥행까지 도모하기 위해 노력한 첫 회차였다.

인사발령 없이 교육을 이끌어 가기 위해서는 매 회가 극적이며 기다려지는 그런 교육으로 만들어야 했다.

교육에 대해 잘 이해하지 못하고 왔더라도 우선 앉아서 교육을 취지를 이해한다면 다음을 기약할 수 있을 것이고, 올해가 아니더라도 그 다음에라도 도전할 수 있지 않을까라는 기대도 했다. 아울러 꼭 이 교육에 참여하지 않더라도 기록하는 것에 대한 기획자의 간절한 마음이 전해지면, 다른 방법으로 그것을 나누게 되지 않을까 생각도 해 보았다.

정말 간절한 마음으로 모집한 결과 1기에 총 18명이 참여했다.

18명의 교육생, 나에게는 기적과도 같았다. 모두 끝까지 함께 갈 수는 없다고 생각했지만 그래도 우선 18명에서 시작할 수 있다는 것은 다음을 도모할 수 있는 기회가 주어졌다는 의미였다.

감동을 줘야 한다.

첫 교육이라도 와서 글을 써야겠다는 마음을 가질 수 있기를 간절히 바랐다.

교육에 참여한 사람 중에는 '현장탐구과정'이라는 과정명을 보고 우수현장 견학이라고 생각하고 온 사람도 있었다. 교육과정명이 일종의 낚시글이 된 것으로 아쉽게도 그 교육생은 2회차에는 오지는 않았지만, 1회차를 통해 '복서원'의 취지에 대한 이해를 한 것만으로도 만족하고 이후 교육생들에게 꼭 책을 내길 기원한다는 지지를 해주며 1회차를 떠나기도 했었다.

나에게 있어서 무엇보다 시급한 것은 1회차 교육 온 분들이 '아, 정말 내가 글을 꼭 써야겠구나.'는 마음을 갖도록 하는 돕는 것이었다. 그것을 위해 강의실 세팅에서부터 공을 들였다.
자리배치는 가운데로 집중하기 위한 U자 형으로 만들고, 강의를 해 주실 분의 저서를 가운데에 배치하여 책을 쓰고자 하는 동기

를 높이는데 신경
썼다.   테이블은
하얀색   테이블보
를 설치하여 책이
더욱 돋보이도록
배치하였다.

강의실 중간 중
간에는   모니터링
을 하면서 사진으
로   기록하였다.
강의의   집중도를

〈 집중도를 높이기 위해 U자로 설치하고,
강의할 분의 책을 전시하였다 〉

흐리지 않는 범위에서 조심스러운 촬영으로 강사와 교육생에게
최대한 불편을 덜하게 하면서 관찰자가 있음을 교육생에게 전달
하기 위해서였다. 아울러 사진은 이후 이 과정을 기록하기 위한
귀한 자료로 활용하기 위함도 있었다.

강의가   끝나면
강사들과 함께 기
념사진을 찍었다.
긴   교육이니만큼
기억을 오래도록
할 수 있도록 바
라는 마음과 이
자체도 기록이고
이후에 책으로 만
들어질 때 자료로
쓰이길 바라는 마

〈 강의가 끝나면 강사와 사진촬영을 하였다 〉

음에서였다. 책이 나오게 된다면 출판기념회에서 사진으로 뽑아서 강사분들게 전하고도 싶었다.

강의장 입구에는 특별한 경우에 설치하는 X베너와 함께 손수 제작한 홍보문패를 배치하였다. 특별한 의미가 있는 교육이라는 것에 대한 어필만이 아니라, 본인들이 특별한 교육에 교육 참여를 하고 있다고 느끼게 해주고, 교육을 기획하고 운영하는 사람들이 교육생을 특

〈 강의장 입구에는 특별제작 문패와 X-베너를 설치하였다 〉

별히 생각하고 있다고 느껴질 수 있길 바랐다.

교육생들의 사진을 모두 담고 싶었다.

본인들이 얼마나 이 교육에 열심히 참여하고 있는지를 스스로 느껴질 수 있도록 하기 위해, 일부 교육생을 찍은 사진은 각 회차가 끝난 이후에 교육생들에게 이메일로 전

〈 전00 동장님은 선비 같은 모습의 진지함이었다 〉

송하였다.

 사진을 통해 진지하게 참여하던 교육의 의미를 다시 한 번 되새김 할 수 있길 바라는 마음이었다. 그 바람이 얼마나 전해졌는지는 모르겠으나, 교육생들의 진지한 교육 참여 모습은 기획과 운영을 한 담당자로서도 참 뿌듯한 일이었다.

 첫 번째 과제물은 집필방향, 목차, 본문 맛보기를 구성하여 글을 쓰기위한 기초 자료를 준비하는 도움을 줄 수 있도록 만들었다. 자문회의를 통해 결정한 사항으로, 가장 중요한 것이 집필 방향과 목차라고 생각하였다.

 10번 20번 계속 바뀌는 과정이기는 하지만 본인의 책을 만들 수 있다는 기대를 느끼게끔 하기 위해 적절한 삽화(전체사진)를 넣은 자료를 만들었다.

< 김OO 팀장님은 1회차에서 정말 열정적으로 토론했다 >

〈 제1회차 과제 〉

이제 곧 나올
'복지현장 탐구과정(福書院)_例' 맛보기
2013년 한국보건복지인력개발원 교육, '복지현장 탐구과정(福書院)' 참가하여 著

(제목) 복지현장 탐구과정(福書院) 실무사례(예)

(소속 및 이름) 홍길동, 충청북도 청원군

집필방향(책 소개)
※ 꼭 쓰셔서 제출하셔야 합니다.

※ 책의 머리말이 되는 기본 글이 될 것입니다.
이 책을 통해 어떤 글을 쓰고 싶은지와, 어떤 분들이 읽는다면 도움이 될 수 있을 것이라는 기대를 써주시면 좋을 것 같습니다.

목차

1. 첫째 항목
　가. 둘째 항목
　　1) 셋째 항목
　　　가) 넷째 항목
　　　　(1) 다섯째 항목
　　　　　(가) 여섯째 항목
　　　　　　① 일곱째 항목

※ 꼭 쓰셔서 제출하셔야 합니다.
※ 목차의 순서는 '행정업무운영 편람(안전행정부, 2012)'를 기준으로 작성 하였습니다. 물론 책을 쓰며, 편집 과정에서 목차를 구분하는 방법은 바뀔 수 있습니다.

본문 맛보기

※ 쓰셔도 되고, 안 쓰셔도 됩니다.
※ 본문의 내용을 작성 해 보실 경우, 자유롭게 쓸 수 있습니다. 1~2페이지로 요약하여 본문의 내용을 쓰신다면 좋겠다는 생각을 합니다. 인터넷 서점에 보면 목차와 본문의 내용이 조금 들어 간 것을 볼 수 있습니다. 그런 느낌으로 쓰시면 될 것 같습니다.

3) 담당자의 평

최대한 많은 사람들이 강의에 참여하길 기대하며 과정을 준비하였다.

2012년 8월 1차 자문회의를 시작으로 2013년 4월 첫 강의에 들어가기 까지 정말 많은 고민과 개선이 있었다. 회사에서는 많은 지원을 해 주었고, 그 지원에 힘입어 나는 좋은 결과를 얻어야 했다.

장기교육과정의 특성상 첫 회차가 가장 많은 사람이 올 것으로 생각했다. 그래서 첫 기수에 많은 사람을 모집하기 위해 사활을 거는 노력을 했다.
비록 첫 기수에 오고 이후부터 안온 비율도 높고 이후부터 온 몇 분도 있었지만, '복서원' 교육을 기획하고 준비해오며 가장 큰 어려움과 부담은 역시 흥행이 문제였다.

정원인 20명에는 못 미쳤지만 최종 18명이 수료하여 많은 교육생이 참여해서 그 걱정을 줄었다. 교육도 매우 훌륭한 교육생들과 함께였기에 순조로웠다고 생각한다. 교육 평점도 전체적으로 4.73점(5점 만점)으로 매우 높게 나왔다.

< '기록의 중요성과 기록의 실제' 강의 모습 >

2. '복서원'의 2회차

1) 세부기획

 비교적 성공적이었던 1회차를 마치고 2회차 부터는 본격적으로 책이 만들어지는 과정과 출간사례를 중심으로 교육을 기획하였다.

 글쓰기의 기술적인 부분을 배우기 위해 '서울출판예비학교(SBI)'의 추천을 통해 00출판사의 박00총괄이사를 초청했다. 출판사의 관점으로 책이 만들어지는 과정을 학습함으로서 책을 만들고자 하는 의욕이 있는 사람들이 어떻게 출판을 해야 하는지 이해할 수 있도록 돕기 위함이었다.

 이후 글쓰기 현장의 사례를 찾아보았다.

 선행연구를 통해서 알게 된 저자들을 초청하여 현업에 근무하며 글을 쓰는 것에 대한 노하우를 습득하였다. 특히 가장 최근에 현업에 종사중인 공무원이 쓴 글의 주인공인 관악구 신사동의 심00 동장님을 초청하여 공무원 글쓰기를 위한 방법과 개인의 기록과 업무의 기록에 대해 배울 수 있도록 하였다.
 아울러 민관의 기록을 통해 민관협력까지 이끌어 낸 사례를 글로 남긴 강00 관장님을 초청하여 글을 쓴다는 의미에 대해 생각해 볼 수 있도록 하였다.

 마지막으로 1회차에 제시했던 집필계획을 점검하고 본인의 사례를 공유할 수 있는 시간을 준비하였다. 이 과정을 통해 동료들 간의 지지를 이끌어 내고, 교육 전후를 비교하며 함께 고민할 수 있는 방법에 대해 찾을 수 있도록 기획하였다.

이렇게 책이 만들어지는 과정을 전체적으로 고찰 할 수 있도록 도움으로서 본인의 책 출판을 시뮬레이션 해 보고 새로운 도전과 꿈을 가질 수 있도록 기획하였다.

제1기 복지현장탐구과정(福書院) - 2회차 -

○ 교육 목표 : 책이 만들어지는 과정과 출간사례
○ 교과목 구성

번호	모듈	교과목명	시간	교육내용	강의방법	강사 (소속/직급)
1	글쓰기 기술	책을 어떻게 쓰고 만들어 지는가? (출판사 업무를 중심으로)	2	• 책이 만들어지는 과정에 대한 이해 • 직장인의 출판사례 및 방법에 대한 이해	강의 토론	박OO 총괄 이사 (OO출판사)
2	글쓰기 현장 사례	공무원으로 글을 쓴다는 것은? 책을 쓴다는 것은! {저서: 공무원, 안주(安住)는 독이다}	2	• 공무원 글쓰기를 위한 업무가치 • 업무의 기록과 개인의 기록		심OO 동장 (관악구 신사동)
		민관의 협력, 글을 통해, 기록을 통해 (여민동락-마을공동체 만들기 좌충우돌의 기록)	3	• 공무원의 글쓰기와 민관협력을 위한 마중물 • 여민동락의 기록과 현재 그리고 미래		강OO 관장 (광산구 노인복지관)
3	사례 연구	사례연구1	2	• 나에게 맞는 집필계획 작성		김OO 교수 (한남대학교)
		사례연구2	3	• 읽어야 할 책에 대한 나눔		

○ 교육시간표

구분		5. 15.(수)	5. 16.(수)
1	09:10 ~ 10:00	**등록 및 교육안내** (윤재호)	**사례연구2** -읽어야할 책 그리고 공유- (김00 교수)
2	10:10 ~ 11:00	**책을 어떻게 쓰고 만들어 지는가?** -출판사 업무를 중심으로- (박00 총괄이사)	
3	11:10 ~ 12:00		
4	12:10 ~ 13:00	중식	**수료** (윤재호)
5	13:10 ~ 14:00	**공무원으로 글을 쓴다는 것 은? 책을 쓴다는 것은!** {저서: 공무원, 안주(安住)는 독이다} (심00 동장)	
6	14:10 ~ 15:00		
7	15:10 ~ 16:00	**민관의 협력, 글을 통해, 기 록을 통해** (여민동락-마을공동체만들기 좌 충우돌의 기록) (강00 관장)	
8	16:10 ~ 17:00		
9	17:10 ~ 18:00		
10	18:10 ~ 19:00	석식	
11	19:10 ~ 20:00	**사례연구1** -나에게 맞는 집필계획 작 성- (김00 교수, 윤재호 주임)	
12	20:10 ~ 21:00		

2) 운영이야기

환경을 통한 의욕 고취

2회차 에서는 환경을 매우 중요하게 생각했다.

기존의 KOHI교육관이 아니라 근처 한국교원대학교 교육박물관을 교육장소로 선정하였다. 사전에 방문하여 과정에 적합한 교육 장소를 섭외하였고, 식사와 휴식장소 아울러 교육 외적인 부분을 통해 글쓰기를 생각할 수 있도록 준비하였다.

책을 쓰는 과정의 강의는 일반적인 형태로 구성하여 사무적인 일에 대한 강의 특징을 참고한 강의실로 준비하였다.

심00 동장님의 공무원으로 글을

〈 책을 어떻게 쓰고 만들어 지는가? 강의모습 〉

쓰는 강의는 한국교원대학교 박물관에 옛 초등학교 교실을 복원한 곳에서 진행하였다.

교육에 참여하는 세대가 40대 중후반에서 50대 초중반이 대부분이었다. 이들이 인생에서 무언가를 목표하며 처음 시도한 곳은 초등학교라고 생각하였고, 그 초등학교에서 강의를 통해 공무원으로서 글을 쓴다는 것에 도전하는 의미를 다시금 느끼게 해 주고 싶었다.

강의장이 다소 좁고 불편하기 했지만, 새로운 경험이었다는 의견이 많았다. 아울러 강의 전 교육장소를 보면서 옛 추억을 함께 얘기하며 강의에 참여하는 모습을 볼 수 있었다.

〈 교원대학교 교육박물관에서 강의 모습 〉

강의 전 분위기는 한껏 들떠 있고, 배운다는 것에 대해 다시금 생각하며 참여하고 있다는 것이 느껴졌다. 강의 장소를 통해 강의를 통해 전달하고자 하는 취지가 잘 준비되었다는 생각을 하게 되었다.

아울러 저자의 직강을 통해 뚜렷한 목표의식을 가질 수 있도록 동기부여가 된 점도 긍정적이라고 생각했다.

'민관의 협력, 길을 통해, 기록을 통해'를 강의해주시는 강OO 관장님은 항상 한복을 입고 다니신다. 이러한 점에 착안

〈 초등학교 교실 앞에서 단체사진 〉

하여 강의장을 선택하였다.

 우리의 전통과 멋이 어우러진 강의장을 통해 강사와 환경이 조화를 이루고, 그 안에서 강의가 이뤄질 수 있도록 유도하기 위함이었다.

〈 교육의 몰입도 매우 높았던 강의였다 〉

〈 꽃이 있는 서당의 마루에서 듣는 강의 〉

씨앗글

교육생과 강사의 소통을 위해 엽서를 활용해 보았다. 교육생들이 자주적으로 활동하여 교육 참여를 독려하고 강사들에게 교육 후 피드백을 전하여 교육과 기관에 대한 관심을 이끌어 내고자 하였다. 기대와는 다르게 활발히 진행되지는 않았지만 의미 있는 소통이 있었다.

교육의 주인은 결국 교육생이다.

교육 이후에도 지속적인 학습을 하기 위해서는 여러 관계형성을 위한 노력이 필요하다. '복서원'을 기획하며 참고했던 장기교육과정 중 '향부숙'이라는 프로그램이 있다. 이 교육의 가장 큰 장점은 '네트워크'다.

'대면행정'이라는 말이 있다. 대면(對面)하여 업무를 협의하는 것이 공문이나 전화로 업무를 협의하는 것보다 업무처리를 수월하게 할 수 있다는 의미이다. 공공기관 뿐만 아니라 대부분의 업무라는 것이 직접 보고 업무를 하다보면 서로의 의도하는 것을 전화나 공문 보다는 보다 정확하게 이해할 수 있기 때문에 업무처리가 수월하다. 즉 인맥이 중요하다는 의미로 해석될 수 있다.

지방자치단체에 근무하는 경우 중앙부처에서 하달되는 지침을 집행할 때 다른 기초자치단체의 인맥이 있다는 것은 업무를 보다 포괄적으로 검토하며 수행하기에 수월하다는 의미다.

향부숙은 이러한 지방직 공무원들의 수요를 정확히 파악하여 교육을 통해 네트워크화 하고, 그 네트워크를 통해 교육에서 배운 것을 수행하는데 협력하는 구조를 만들었다. 이것을 수첩으로 별도로 만들어서 기수별로 관리까지 하는 모습을 볼 수 있었다.

이 정도의 네트워크는 아니더라도 '책'이라는 공통의 주제를 통해 만난 교육생들과 강사들이 지속적으로 네트워크가 형성되어 교육 이후에도 자연스러운 연결이 될 수 있길 바라는 마음에서 엽서를 통한 연결을 시도하였다. 생각보다는 활발하지 못했지만 일부 참여했던 분들의 글들을 소개한다.

교육을 통해 다양한 소통을 이뤄지길 바랬다.

SNS등을 통한 간편한 소통도 있을 수 있었지만, 글 쓰는 교육답게 그 느낌을 전달할 수 있는 매체를 활용하고자 하였다. 그래서 선택한 것이 '우편엽서'였다.

비교적 저렴한 가격에 전하는 이익 마음이 더욱 따뜻하게 전달 될 수 있을 것이라고 생각했다.

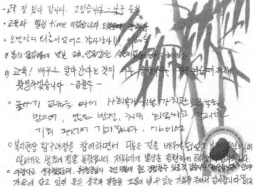

< 강서구청 교육생 → 강서구청 부구청장 >

강사와 교육생간, 교육생과 현장의 동료들 간, 교육생과 기획 및

운영자 간에 공유가 활발하면 활발할수록 교육에 참여하는 몰입
이 더욱 커질 것으로 생각했다.

〈이정숙 교육생 → 심재천 동장님 〉

To 윤재호 샘
우리 교육생들을 동심의 세계로 돌아가게 해준 교육장소 선정
에 대한 배려와 정성을 기억합니다.
5월의 대학 캠퍼스의 싱그러운 신록도 아름다웠고 뭔가 간절한
마음으로 자신을 돌아보게 했습니다.
우리가 거쳐온 삶의 과정들을 되짚어 보고 현재 내가 서 있는
시점에서 뭔가 의미 있는 것을 해내고야 말리라는 다짐을
하게 만들었지요
물론 우려 요인도 있습니다.
뒷심이 부족한 부분과 자꾸만 주저 앉아 버리는 습관들이
발목을 붙잡을 지라도 끝까지 가보겠습니다.
윤샘의 발칙한 창의성과 윤샘을 통해 알게된 김조년 교수님과
김세진 샘등 귀한 만남에 감사 드리며

2013.5.17   부평구청 복지 정책과 이정숙 드림

〈이정숙 교육생 → 교육운영자 〉

제2차 과제

이제 곧 나올

'복지현장 탐구과정(福書院)_例' 맛보기

2013년 한국보건복지인력개발원 교육, '복지현장 탐구과정(福書院)' 참가하여 著

(제목) 복지현장 탐구과정(福書院) 실무사례(예)

(소속 및 이름) 홍길동, 충청북도 청원군

머리말(앞서 작성한 집필방향을 참고하여 작성)

'줄 간격 200, 휴먼명조 10포인트'로 작성, 작성량 제한 없음.

※ 꼭 쓰셔서 제출하셔야 합니다. 가급적 완성을 해 주시기 바랍니다.

※ 책의 머리말이 되는 기본 글이 될 것입니다. 이 책을 통해 어떤 글을 쓰고 싶은지와, 어떤 분들이 읽
는다면 도움이 될 수 있을 것이라는 기대를 써 주시면 좋을 것 같습니다.

목차

1. 첫째 항목

　　가. 둘째 항목

　　　　1) 셋째 항목

　　　　　가) 넷째 항목

　　　　　　(1) 다섯째 항목

　　　　　　　(가) 여섯째 항목

　　　　　　　　① 일곱째 항목

'줄 간격 200, 휴먼명조 10포인트'로 작성

※ 꼭 쓰셔서 제출하셔야 합니다.

※ 목차의 순서는 '행정업무운영 편람(안전행정부, 2012)'를 기준으로 작성 하였습니다. 물론 책을 쓰며,
편집 과정에서 목차를 구분하는 방법은 바뀔 수 있습니다.

본문 1챕터 써오기(위 목차 단계의 '가'혹은 '1)'에 해당하는 챕터 쓰시면 됩니다.)

'줄 간격 200, 휴먼명조 10포인트'로 작성, 최소 2페이지 이상 작성

※ 쓰셔도 되고, 안 쓰셔도 됩니다.

※ 본문의 내용을 작성 해 보실 경우, 자유롭게 쓸 수 있습니다. 1~2페이지로 요약하여 본문의 내용
을 쓰신다면 좋겠다는 생각을 합니다. 인터넷 서점에 보면 목차와 본문의 내용이 조금 들어 간 것을
볼 수 있습니다. 그런 느낌으로 쓰시면 될 것 같습니다.

3) 담당자의 평

교육환경을 통해 교육 몰입을 강화하는 방법이 매우 중요한 회차였다. 기존의 교육장소를 떠나 외부에서 교육하기 위해서는 많은 수고가 든다. 그럼에도 불구하고 외부를 택하는 이유는 교육의 주제에 따라 몰입이 다를 수 있기 때문이다.

기획한 의도가 전달되기 위해 환경을 통해 도움을 받을 수 있다는 것을 느낄 수 있었으며, 휴식시간에 교육박물관 안의 콘텐츠를 이용하여 자연스럽게 휴식을 통해 학습을 기대할 수 있었다.

2기의 평점은 4.90점(5점 만점)이었다. 특히 강의장 환경은 평균 4.89점이었으며, 과정이수를 통해 전문성 또는 역량이 향상되었냐는 질문은 4.94점이었다. 마지막으로 교육과정 전반에 만족하냐는 질문에는 5.00점이 나왔다.

환경적 만족도가 교육의 만족도에 영향을 줬다고 생각한다. 교육을 운영하는데 있어서 환경을 관과 할 수 없다는 점과 교육을 통한 연결이 교육생들에게 미치는 영향이 클 수 있고, 교육에 대한 참여, 곧 몰입에도 영향을 줄 수 있다는 것을 간접적으로 확인 할 수 있는 2회차였다.

〈 강의장 한편에 저서를 두었다 〉

3. '복서원'의 3회차

1) 세부기획

나의 공직과 나의 기록계획에 대한 주제로 3회차를 기획하였다.

이번 회차는 한 명의 강사를 통해 철학과 현장을 연결하고, 공직자이며 사회복지사인 직업인의 역할에 대해 충분한 고민을 통해 집필방향을 설계할 수 있도록 준비하기 위함이었다.

강사는 푸른복지출판사를 통해 사회복지사들과 함께 많은 글을 출판하셨고, 지금은 '구슬'이라는 출판사를 통해 그 일을 하고 계시는 김00소장님이었다.

사실 이 과정은 보건복지부 송00과장님의 글쓰기 중요성에 대해 말씀하시는 강의를 듣고 필요성에 대해 고민할 때, 김00소장님의 현장에서의 실천을 보면서 공무원교육에 적용할 수 있겠다는 확신을 갖게 되었기에 시작할 수 있었다.
그래서 최초의 자문회의에도 김00소장님을 모시기 위해 일부러 그 분 시간에 맞춰서 준비했던 것이고, 철학적인 부분을 잡아 줄 분이 필요하다는 의견에 따라 김00교수님을 모시기까지 한 것이다.

사회복지분야에 책을 통해 여러 긍정적 영향을 미치고 있는 교수님들과 선배님들이 있었지만, 김00소장님을 모시고 사회복지업무를 한 사람들이 책을 쓴다는 것은 넓게는 민관을 연결 할 수 있는 중요한 고리가 될 것이라는 기대도 한편으로는 할 수 있었다.

김OO소장님은 우선 입지(立志)의 중요성을 강조하였다. '사회복지 공무원답게 일한다는 것은 무엇일까?'라는 고민을 먼저 하고, 그 이후에 글쓰기에 들어가야 한다는 점을 강조하였다.

글을 쓰겠다는 구체적인 방향을 고민하고 설정할 때라고 생각하여 기획했다. 참고로 송OO 과장님은 지역복지와 관련한 강의를 기획하는데 항상 훌륭한 영감을 주신 귀한 분이셨고, 마침 2014년에 진행한 복서원 교육에 좋은 원고를 넣어주셔서 일부 발췌하여 소개해 보고자 한다.

〈 2014년도 제1기 복지현장탐구과정(福書院),
「복지현장공무원의 역할과 의미(송OO, 보건복지부)」 강의 교재 중 발췌 〉

지역복지과에 와서 제가 느낀 갈증의 하나가 지역의 구체적인 실천 사례들에 기초해서 만들어진, 지역복지 실천에 도움이 될 만한 책에 대한 것이었습니다.

나름대로 이리 저리 찾아보았습니다만, 별로 없었죠. 이러한 상황에서 지역복지에 관심 있는 분들이라면 주식회사 장성군, 180억원 공무원, 바보군수 이야기, 여민동락, 하루를 살아도 나는 사회복지사다 등은 꼭 소개해드리고 싶네요. 장성군이나 완주군에 대한 책은 기본 컨셉이 군수이지만, 어쨌든 군수님께서 직접 쓰신 책은 아닙니다. 물론 누가 썼는지는 그렇게 중요하지 않습니다. 최근에 알았지만, 안산시장께서는 안산행정의 경험을 기초로 해서 실용적 지방자치론이라는 책을 쓰시기도 했더군요(아직 내용을 보지는 못했습니다).

어느 기초단체장님께서는 단체장을 하면서 만났던 어려운 지역주민과의 소통을 기초해서 그 분들을 주인공으로 하는 책을 기획하고 있다는 얘기를 전해 들었습니다. 복지부에는 두 분의 장관님께서 퇴임 후 행정 경험에 기초해서 보건복지 업무와 관련된 책을 낸 바 있습니다. 저는 단체장님들께서 어떤 형태로는 자신의 행정경험에 기초해 책을 만들어내는 것은 가치 있는 일이라고 생각합니다(책을 낼 생각을 갖고 있으면 오히려 행정을 더 잘할 수도 있을 것 같다는 생각도 있습니다. 기록이라는 것은 어떤 형태로든 압박의 요인이 된다고 보기 때문에).

저는 읍면동장님 순회 교육 때 주문했던 것이 읍면동장님들도 책을 내시라는 얘기였습니다. 제가 검색한 바로는 읍면동 행정의 노하우를 정리한 책은 없습니다. 그 수많은 분들이 이곳의 장을 거쳐 갔고, 지금도 3,470명의 읍면동장님이 계신데 말입니다. 그래서 복지직 공무원 중에 일찍부터 동장을 거쳐 현재 읍장을 하고 계신 분께 강력하게 주문했죠. 빨리 책 내시라고. 여기까지는 어떤 형태로든 기관장의 얘기입니다. 제가 여러분들과 나누고자 하는 것은 실무자의 책 만들기입니다. 그런 면에서 앞에서 소개해드렸던 180억원 공무원이라는 책은 의미가 있습니다. 물론 얼마나 팔렸을 지 조금 궁금합니다만. 9급에서 시작해서 6급인 지자체의 실무공무원이 자신의 이야기를 책으로 엮어 낸다는 것이 아직까지 없지 않을까 생각하기 때문입니다. 물론 공동 저서의 형태인 그 유명한 '행정의 달인'이라는 책이 있지만(아마 제법 팔리지 않았을까 생각되는 책이지요), 그 가치가 비교되기 어렵다는 것이 제 판단입니다. 저는 복지라는 한 분야에서 그 오랜 시간 현장을 지켜온 분들이 만들어낸 공식적인 책(비공식적으로 자료집은 본 적이 있습니다만)이 한권도 없다는 사실이 조금 섭섭합니다.

그러나, 늦지 않았다고 생각합니다. 혹시라도 부담스러우면 공동 저서로 만들면 됩니다. '행정의 달인'도 그렇고, 민간 사회복지사가 지역현장의 문제를 풀어가기 위하여 어떤 노력들을 해왔는지를 정리한 '하루를 살아도 나는 사회복지사다'라는 책도 상당히 괜찮은 공동 저서이기 때문입니다. 작년 한국사회복지행정연구회가 주최한 공공복지 비전대회에서 비슷한 주문을 한 적이 있습니다. 연구물이어도 좋고, 행정 경험에서 나온 살아있는 이야기도 좋고 기록을 남기고, 더 나아가서는 공식적인 출판에 도전하는 것이 좋지 않겠냐고 했습니다. 판로는 이미 1만권은 확보되어 있으니, 걱정할 것은 없지 않을 런지요. 그래서 제안하는 것이죠. 지역복지 모니터단이 주축이 되어 펄펄 살아 숨쉬는 지역복지 실천을 위한 교과서를 만들어보자는 것이죠. 꿈일까요? 한권이 아니라 시리즈도 가능하다고 저는 생각합니다. 230개 시군구라는 엄청난 곳에서 각양각색의 실천들이 이루어지거나 모색되고 있고, 복지라는 하나의 행정 분야에서 그렇게 오랜 노하우를 가지고 있는 복지직 공무원들이 하지 못한다면 이는 오히려 문제가 아닐까 생각합니다.

우선, 그 동안 우리에게 알려진 우수사례를 이야기 형식으로 풀어쓰고 지역복지에서 차지하는 의미를 곁들이면 그것으로도 훌륭한 지역복지 실천 교과서가 될 수 있다고 생각합니다.

저는 이러한 책 만들기가 우리 스스로의 사고와 실천을 채찍질하는 훌륭한 도구가 될 수도 있을 뿐만 아니라, 더 나아가서는 지역의 단체장님을 포함해서 복지업무를 담당하는 여러 유형의 관계자(공무원만 아니라)에게도 긍정적인 자극을 줄 수 있다고 생각하기 때문입니다. 어쩌면 대학생들을 가르치고 계신 사회복지학과 교수님이나 연구자분들께도 훌륭한 메시지를 던질 수 있다고 생각합니다. 물론 저는 아직까지 책을 내본 적은 없습니다. 나중에 은퇴하면 한 두권 정도는 만들고(출판이 아니라) 싶은데, 워낙 기록에 둔감한 지라 그 때 가면 쓸 재료가 없어 결국 책을 만들지 못할 것으로 예측하고 있습니다. 제 동료 중에는 자신이 맡았던 분야와 관련하여 국민이나 공무원 등 관계자를 위해서 해설 내지는 안내하는 내용의 책들을 낸 분들이 더러 있습니다. 전문직으로 근무했던 한 사무관은 그 계통에서는 아주 인정받는 법 해설서를 만들어내기도 했습니다.

3D 업무로 얘기되는 장관 수행비서를 하면서 그 계통에 일하는 분들께는 바이블 같은 수준의 비서론을 엮어내신 분도 봤습니다. 참으로 부지런한 분들입니다. 뿐만 아닙니다. 자기가 맡은 분야의 연구진 네트워크를 활용하여

공동 저서의 형태로 저자로 참여하는 경우도 있었죠. 책도 중요하지만, 저는 이러한 네트워크의 경험이 더 소중하지 않았을까 생각합니다. 제가 기자분들께도 복지와 관련된 책 좀 써보라고 요청한 적이 있었는데요. 사실 기자들은 글로 먹고 사는 분들 아닌가요.

제가 검색한 바로는 복지부를 출입한 기자 중에서 복지와 관련하여 책을 쓴 기자는 한분, 의료분야는 더러 있고, 식품분야 한분 정도였습니다.

공통점은 모두 인정받는 책이라고들 하네요. 빠트릴 수 없는 공통점은 그 분야에 상당히 오랫동안 머물러 있었다는 사실도 중요합니다. 어떤 우수사례를 꼭 현장에 가서 봐야 하는 것은 아니지요. 좀 잘 정리된 책이 오히려 현장 가서 보는 것보다 더 훌륭할 수 있다는 것이 제 경험입니다. 책이라는 것이 부담된다면 우선 현장 관계자들이 돌아볼 수 있는 좋은 실무매뉴얼부터 시작할 수도 있겠지요.

제1기 복지현장탐구과정(福書院) - 3회차 -

○ 교육 목표 : 나의 공직과 나의 기록계획
○ 교과목 구성

번호	모듈	교과목명	시간	성함/소속	강의 방법
1	사례 연구	**글쓰기의 중심(2부)** -사회복지공무원답게실천하기-	2	김OO 소장 (사회복지사무소 구술)	강의 토론
		사례연구 -집필과정 토론 및 발표-	2		
		실습 -원고작성 및 토의-	3		
		사례연구 -집필사항 토론-	2		
		사례연구 -선행사례 연구 및 발표-	3	김OO 교수 (한남대학교) 김OO 소장 (사회복지사무소 구술)	

○ 교육시간표

구분		6. 13.(목)	6. 16.(금)
1	09:10 ~ 10:00	등록 및 교육안내 (윤재호)	사례연구 -선행사례 연구 및 발표- (김00, 김00)
2	10:10 ~ 11:00	글쓰기의 중심 2 -공무원답게 실천하기- (김00)	
3	11:10 ~ 12:00		
4	12:10 ~ 13:00	중식	수료 (윤재호)
5	13:10 ~ 14:00	사례연구 -집필과정 토론 및 발표- (김00)	
6	14:10 ~ 15:00		
7	15:10 ~ 16:00	실습 -원고작성 및 토의- (김00)	
8	16:10 ~ 17:00		
9	17:10 ~ 18:00		
10	18:10 ~ 19:00	석식	
11	19:10 ~ 20:00	사례연구 -집필사항 토론- (김00)	
12	20:10 ~ 21:00		

2) 운영이야기

열정적 토론과 자기성찰

토론이 매우 열정적이었다.

공무원이기 이전에 사회복지사로서의 역할에 대해 논하는 김00 소장님과 교육생간의 생각의 차이는 매우 달랐다. 그것을 해결하기 위해 가장 좋은 것은 토론이었다.

김00소장님은 사회복지사을 바탕에 두고 공무를 해야 하는 점을 강조하였는데, '강점'을 찾는 것을 다양한 방법으로 논하였다. 이를 위해서 필요한 것은 '걸언(乞言)'으로 대상자의 자율성을 보호하며 '우리답게 일하는 것'이 중요하다는 점을 강조하였다.

실제 교육생 중에 일부는 사회복지공무원의 열악한 업무 환경에 대해 말하며 격하게 토론을 하기도 했다. 매우 중요하고 바람직한 것이라 생각했다. 그러한 토론결과 차이를 인정하고, 철학을 함께 공유했다고 생각이 들었기 때문이다.

김00소장님의 강의 요약을 다음과 같이 정리해 본다.

〈 김00소장님의 강의 요약 〉

우리의 '정체성'이 중요하다. 정체성을 잡아야 한다. '개인과 환경을 양 체계의 본래를 보며 돕는다. 환경을 개인에, 개인을 환경에' 잘 도왔다는 무엇인가?

그 사람이 원하는 것?
그 사회가 원하는 것?
사회사업가로서… 잘 돕는 것은 무엇일까?

예를 들어보면 다음과 같다.

소방관은 어릴 적 부모가 없어. 소방관은 어른들이 좋아서, 멋지게 정복입고 어르신 안마만 열심히 해 준다. 근데 불을 못 끈다. 소방관으로서 이 사람에 대한 기준은 무엇인가? 예를 든 것과 같이, 열심히 한 것이 아니라. 우리답게 했느냐. 야근하며, 열심히 했어. 그런데… 우리답게 했느냐가 문제… 그 다음에 진정성, 열정이 나온다.

우리다움이란 무엇인가? '잘'도왔다는 것은? 사람을 돕는 일이기 때문에, 사람답게 돕는 것이 중요하다. 기준 없이 그들이 원하는 것을 돕는다면? 욕구를 얻는다고 돕는다면…? 역으로 욕구를 도와준다는 함정이 될 수 있다. 그럼 심부름꾼 아닌가? 우리가 잘 도왔다는 언제 말할 수 있을까?
'욕구'란 무엇인가? 이건 사례관리 강의할 때 설명함. '자원'이란 무엇인가? '자원'의 으뜸은, 당사자 쪽 자원이라고 본다. 우리는 사람을 돕는 일을 한다. 그것을 잘 도와야 한다.

'사람'은 어떤 존재일까? 정의는 각자 위치, 환경에 따라 달라질 수 있기에 스스로 답을 찾아가보면 된다. 그럼 사회사업가는 인간을 어떤 존재로 보아야 하고, 어떻게 도와야 할 것인가?
보통 인간은 '자기 삶을 사는 존재'로 정의한다. '누군가와 어울리는 존재'로 정의한다. 마치 메슬로우의 욕구 5단계와 비할 수 있다. '人間' 의 어원정의, 사람이 기대어 있는, 사이에 사람이 있는 의미한다.
공동체의 소속하고 싶은 욕구, 그 존재는 이미 내 뜻으로 살고 싶고 어울리고 싶은 존재임. 우리가 다 배운 것이다. 사람으로 본다면, 위에 욕구로 주목하자.

10년간 도시락 배달했으면, 조금 더 개선을 하는 것이 좋을지 않나? 아래 욕구만을 생각하니… 바뀌지 않는 것이라 생각한다.

사람은 자주성, 공생성을 갖은 존재이다. 어떻게 하고 싶으신지? 누구와 함께하고 싶으신지? 사진 남기는 것, 물건 남기는 것이 아니더라도 관계를 남기는 것이 중요하다 본다. 주변의 사람의 생일잔치를 돕게 하는 것이 중요하고, 그것이 어쩌면 '사회사업'의 핵심이라고 본다.

'사회사업은 관계로서 이루게 하는 사업' 생일사업이 아니라는 것을 생각해야 한다.

※ 김OO소장님의 강의를 듣고 윤재호가 정리한 내용으로, 김OO소장님의 원래 의도와는 일부 다를 수 있음

3) 담당자의 평

민간 사회복지분야에서 왕성한 활동을 하고 계시는 김OO소장님을 모시고 수업을 진행할 수 있었다는 점이 의미가 있었다.

그는 '접점'이 될 수 있는 매우 중요한 분이라는 생각이 들었다.

민관협력을 위해서는 서로간의 차이를 인정하고 찾아가기 위한 '접점'이 있어야 한다고 본다. 모든 부분에서 같을 수도 없고, 모든 부분에서 다를 수도 없으며 그것은 상황에 따라 다르다고 본다.

그 '접점'을 찾아가는 3회차였다.

4. '복서원'의 4회차

1) 세부기획

올바른 글쓰기 기술과 나의 집필에 대해 논해보는 과정을 기획하였다.

지난 과정에서 구체적인 집필 방향에 대해 논하였다. 이제는 올바른 글쓰기란 무엇이고 그것을 위해 어떻게 해야 할 것인가에 대해 고민하는 시간이 될 수 있도록 기획하였다.

그럼에도 불구하고 이젠 정말로 글을 써야하고, 글의 방향을 정확히 잡아야 할 때라고 생각했다. 이젠 반환점을 도는 4회차라고 생각했기 때문이다.

제1기 복지현장탐구과정(福書院) - 4회차 -

○ 교육 목표 : 나의 공직과 나의 기록계획
○ 교과목 구성

번호	모듈	교과목명	시간	성함/소속	강의방법
1	사례연구	**글쓰기의 중심(2부)** -사회복지공무원답게실천하기-	2	김00 소장 (사회복지사무소 구술)	강의토론
		사례연구 -집필과정 토론 및 발표-	2		
		실습 -원고작성 및 토의-	3		
		사례연구 -집필사항 토론-	2		
		사례연구 -선행사례 연구 및 발표-	3	김00 교수 (한남대학교) 김00 소장 (사회복지사무소 구술)	

○ 교육시간표

구분		6. 13.(목)	6. 16.(금)
1	09:10 ~ 10:00	**등록 및 교육안내** (윤재호)	**사례연구** -선행사례 연구 및 발표- (김OO, 김OO)
2	10:10 ~ 11:00	**글쓰기의 중심 2** -공무원답게 실천하기- (김OO)	
3	11:10 ~ 12:00		
4	12:10 ~ 13:00	**중식**	**수료** (윤재호)
5	13:10 ~ 14:00	**사례연구** -집필과정 토론 및 발표- (김OO)	
6	14:10 ~ 15:00		
7	15:10 ~ 16:00	**실습** -원고작성 및 토의- (김OO)	
8	16:10 ~ 17:00		
9	17:10 ~ 18:00		
10	18:10 ~ 19:00	**석식**	
11	19:10 ~ 20:00	**사례연구** -집필사항 토론- (김OO)	
12	20:10 ~ 21:00		

2) 운영이야기

올바른 글쓰기 기술

책을 쓴 사회복지사의 글에는 '단어' 한 자 한 자도 신중합니다.
자기 삶을 사는 존재,
더불어 사는 존재로 보고 도와가는 과정이니 그렇게 표현합니다.
당신의 삶의 주인에게 쓴 글이니 더욱 그렇습니다.
- 심윤무[20] -

이미 글쓰기를 생활화 하고, 글을 통해 소통하며 누가 봐도 즐겁게 일하고 있다는 것이 느껴지는 심윤무 선생님의 글을 보면 글 쓰는 것에 대한 중요함을 느낄 수 있다.

올바른 글쓰기를 위한 마음가짐이 중요하다고 생각했다. 김00소장님이 글을 쓰기 전 사회복지사로서의 올바름에 대해서 논하였다.

모두들 글을 잘 쓰고 싶어 한다.

이를 위해서는 우선 글을 많이 쓰고, 그것을 구조화 하는 것을 계속해야 할 것이라 생각한다. 전 날 썼던 글이 아침에 읽으면 어색하고 고치는 부분이 많듯이, 글이라는 것이 감정을 더할 수밖에 없는 것 같다. 같은 본인으로부터 감정의 다각화, 관점의 다각회를 통해 글을 정리하는 습관이 필요함을 생각한다.

그것을 본격적으로 배워야 한다는 중압감에 교육생 분들이 많이

---

20) 심윤무(2016) 『사회복지사의 글쓰기 365일』 공동체, 1판 3쇄, p.60

힘들어 할 때이기도 했다. 많은 부담을 갖고 계실 때이기도 했다.

그래도, 과제

시간이 흐를수록 과제에 대한 부담이 높아지고 있음이 느껴진다.

그리고 "내가 정말 가능할까?"라는 고민을 하는 모습들을 쉽게 보게 된다. 처음 교육을 시작할 때 그 기세가 누그러지는 시기라고 생각한다. 그럼에도 불구하고 할 수 있다는 믿음을 갖기 위해서는 서로 간에 흔들리지 말아야 한다고 생각한다.

글의 양이 제한적이더라고 계속 글을 쓰고 있음을 상기해야 하고 그것을 동료들과 기획자 및 운영자와 여러 강사들과 함께 나누고 있다는 것을 절대 잊어서는 안 된다고 생각한다.

글을 쓴다는 것은 무엇일까?
그것을 위해 할 수 있는 것은 무엇일까?
지금 나의 위치는 어디일까?

이것을 계속 생각하며 글을 쓰기위한 노력이 필요하다.

그것을 계속 다잡을 수 있는 것은 과제이고, 그것에 대한 점검과 상호 격려라고 생각했다. 그래서 어려워도 과제를 계속 부여하게 되고 그 과제를 통해 지지와 격려를 보내주는 과정을 계속했다.

〈 제4회차 과제 〉

이제 곧 나올 '복지현장 탐구과정(福書院)_例' 맛보기
2013년 한국보건복지인력개발원 교육, '복지현장 탐구과정(福書院)' 참가하여 著

분류:
제목 제안(가제): 복지현장 탐구과정(福書院) 실무사례(예)
  1)

콘셉트

기획취지
  1)

대상 독자층
1) 핵심 독자층 :
2) 확대 독자층 :

저자

주요 내용
1. 구성 : '줄간격 200, 휴먼명조 10포인트'로 작성, 작성량 제한 없음.
2. 가상 목차 :

홍보 사항
1) 마케팅 :
2) 포털 홍보 :
3) 추천사 활용 :
4) 개인/커뮤니티사이트 적극 활용 :
5) 매체 인터뷰 :
6) 메일링 활용 :

참고 자료[도서]
1) '줄 간격 200, 휴먼명조 10포인트'로 작성, 최소 2페이지 이상 작성

※ 쓰셔도 되고, 안 쓰셔도 됩니다.
※ 본문의 내용을 작성 해 보실 경우, 자유롭게 쓸 수 있습니다. 1~2페이지로 요약하여 본문의 내용을 쓰신다면 좋겠다는 생각을 합니다. 인터넷 서점에 보면 목차와 본문의 내용이 조금 들어 간 것을 볼 수 있습니다. 그런 느낌으로 쓰시면 될 것 같습니다.

5. '복서원'의 5회차

1) 세부기획

제5회차(2017. 8. 29.~8. 30.)부터 나(윤재호)의 인사발령으로 '복서원'을 다른 담당자가 맡게 되었다. 중간에 교육담당자가 바뀌는 바람에 기획배경, 현재 참여교육생현황과 특성, 집필자의 제출된 글, 차수별 교과목 구성 파악, 기획자와 주요 강사진의 과정진행 방법 등 짧은 시간동안 많은 것을 학습하고 과정을 이끌어갈 준비를 해야 했다.

다행히도 새롭게 맡게 된 직원은 교육의 취지를 빠르게 습득하였다. '복서원'은 교육생 스스로가 주인이 되고 만들어 가는 과정이었다. 운영자 또한 일반 행정으로 접근하는 형태가 아닌 코디네이터역할을 수행해 나가야한다. 그만큼 교육생과 함께 고민하고 함께 깊이 호흡하는 활동을 지속적으로 해내야만 했다.

5회차는 집중 집필기간이었다. 개인적으로 세계 최고의 한글학자라고 생각하는 국립국어원의 박OO 교수님에게 직접 첨삭지도를 받았다. 교육생들에게는 매우 가혹한 일이었다고 들었다. 그만큼 박OO 교수님의 이 교육에 대한 애정을 느낄 수 있는 점이었다고 생각한다.

이제 남은 것은 글을 쓰는 것이다. 무조건 쓰고 다듬고 또 쓰고 다듬는 일만 남았다. 여기에 '출판과 기획'교과목에는 인간과 복지의 이OO 편집자가 참여하여 출판사 기획서, 출판계약, 출판을 위한 편집 등과 관련된 내용을 담아주었다. 또한 출판사를 통한 책 출판을 위하여 남은 일정과 '복서원' 종합수료식 일정 등을 고려하여 어떻게 관리하여야 하는지를 의논하여 안내드렸다.

제1기 복지현장탐구과정(福書院) - 5회차 -

○ 교육 목표 : 올바른 글쓰기 기술과 나의 집필
○ 교과목 구성

번호	모듈	교과목명	시간	강사 성함/소속	강의방법	교육내용
1	사례 연구	사례연구 1 -집필 및 검독- (김00)	2	김00 소장 (사회복지사 무소 구술)	강의 토론	• 과제물 점검 및 검독 • 보완 집필
		사례연구 2 -집중 집필- (김00)	2			• 집중집필지도
		사례연구3 -집필 및 검독- (김00)	2			• 집필사례 공유 • 집필내용 공람 및 사례연구
2	평가	중간평가	3	김00 교수 (한남대학교)		• 집필성과 공유 및 평가
3	글쓰기 기술	올바른 글쓰기 기술	3	박00 교수 (국립국어원)		• 틀리기 쉬운 한글문법 • 일반인을 위한 글쓰기 방법 • 책을 만들기 위한 글쓰기 학습방법

○ 교육시간표

구분		7. 11.(목)	7. 12.(금)
1	09:10 ~ 10:00	등록 및 교육안내 (김00)	올바른 글쓰기 기술 (박00 교수)
2	10:10 ~ 11:00	사례연구 1 -집필 및 검독- (김00)	
3	11:10 ~ 12:00		
4	12:10 ~ 13:00	중식	수료 (김00)
5	13:10 ~ 14:00	사례연구 2 -집중 집필- (김00)	
6	14:10 ~ 15:00		
7	15:10 ~ 16:00	중간평가 -집필발표 및 평가- (김00)	
8	16:10 ~17:00		
9	17:10 ~ 18:00		
10	18:10 ~ 19:00	석식	
11	19:10 ~ 20:00	사례연구3 -집필 및 검독- (김00)	
12	20:10 ~ 21:00		

2) 운영이야기

교육생들이 집필한 글이 책으로 나올 수 있도록 준비하는 기수임. 「9월까지 탈고 완료 → 10월 초 출판사섭외 → 10월 중순 출판계약완료 → 11월 중순 출판사 완료→ 11월 말 책 출간」으로 이어지는 스케줄을 안내하며 진행하였다.

교육생들은 교육에 대한 기대가 있기 때문에 출판 등의 문제를 해결하기 위해서는 교육기관에서의 역할과 교육생의 역할을 명확해 해야 할 필요가 있다.
원고를 써가며 압박을 받는 교육생들에게는 의지하고 싶은 곳이 있기 마련이고, 그것을 협의하는 것이 중요하다.

저작권은 당연히 저자에게 가는 것이 맞고 인쇄와 ISBN등록을 대행하는 수준의 정리가 필요하다고 생각한다. 아니 그 전에 집필자료 등에 대한 저작권, 이후 출판물에 대한 권리 등은 모두 집필자의 소유로 교육생 스스로 출판을 기획하고 진행하는 것으로 정리하는 것이 원만하다.

3) 담당자의 평

모두가 처음인 길, 자신이 가보지 않은 새로운 길에 대한 두려움, '복서원'에서 스스로 집필을 하고 책을 출판해본다는 두려움이 대부분의 교육생들이 가지고 있었다.
교육생, 담당자 그리고 '복서원' 모두가 '가보지 않은 해보지 않은' 두려움을 극복해나가는 과정을 경험하였고, 담당자가 변함에 따라 교육생들도 혼란이 많았던 교육이었다.

6. '복서원'의 6회차

1) 세부기획

'복서원'의 6회차는 5회차에 제출되었던 원고를 좀 더 다듬고 출판사를 통한 책 출판을 목표로 하는 작업을 진행했다.

과정의 끝까지 놓지 말아야할 '복지의 마음, 기록의 이유'를 김00교수님과 김00소장님께서 방향을 다시 한 번 잡아주시고 서로의 글과 생각을 나눌 수 있도록 하였다.

또한 김00소장님은 글쓰기를 통해 사회사업을 알리고 복지의 생태계를 만들어가는 작업을 꾸준히 해오고 계셔서 '복서원'에서 집필되고 있는 기록에 대하여 출판과정에 대한 정보를 제공하여 주실 수 있었다.

본격적으로 출판을 염두에 두어두신 집필 교육생은 가장 두려운 과정이 '내가 출판사를 통한 출판을 할 수 있는가? 출판을 할 수 있는 기회가 생겼는데 출판사와의 계약은 어떻게 할 것인가?'였을 것이다. 이러한 궁금증을 해소하고 출판을 위한 준비를 하기 위해서 출판사의 편집자와 출판관계자의 입장에서의 이야기를 들려줄 수 있도록 하였다.

탈고를 거쳐 출판사에 투고를 하는 노하우부터 시작하여 책을 출간하고 판매 정산하는 과정에 대하여 내용을 담아 주셨다.

투고요령으로 적당한 투고처를 찾는 것을 시작으로 출판사용으로 새로운 기획서를 작성하여 가제본을 만들어 송부해볼 것을 제안해주셨다.

책을 출판사를 통해서 만든다는 것은 역시 쉬운 일은 아니었다. 여러 선배들로부터의 경험은 가장 소중한 배움일 수 있다.

제1기 복지현장탐구과정(福書院) - 6회차 -

○ 교육 목표 : 집필교정 및 사례연구
○ 교과목 구성

번호	모듈	교과목명	시간	강사 성함/소속	강의 방법
1	사례 연구	원고정리1 -원고를 통한 출판과정 논의-	2	김OO 소장 (사회복지사무소 구슬)	강의 토론
		원고정리2 -원고 상호토론-	2	김OO 교수 (한남대학교) 김OO 소장 (사회복지사무소 구슬)	
2	집필 교정	출판용 탈고원고 교정1 -개인별 교정작업:복서원1~3-	3	이OO (인간과 복지)	
		출판용 탈고원고 교정2 -개인별 교정작업:복서원4~5-	2		
2	출판 기획	출판계약의 이해	2		
		출판계약서 작성법	1		

○ 교육시간표

구분		9. 26.(목)	9. 27.(금)
1	09:10 ~ 10:00	등록 및 교육안내 (김00)	출판계약의 이해 (이00)
2	10:10 ~ 11:00	원고정리1 -원고를 통한 출판과정논의- (김00)	출판계약서 작성법 (이00)
3	11:10 ~ 12:00		
4	12:10 ~ 13:00	중식	수료안내 (김00)
5	13:10 ~ 14:00	원고정리2 -원고 상호토론- (김00)	
6	14:10 ~ 15:00		
7	15:10 ~ 16:00	출판용 탈고원고 교정1 -개인별 교정작업: 복서원 1~3- (이00)	
8	16:10 ~17:00		
9	17:10 ~ 18:00		
10	18:10 ~ 19:00	석식	
11	19:10 ~ 20:00	출판용 탈고원고 교정2 -개인별 교정작업: 복서원 4~5- (이00)	
12	20:10 ~ 21:00		

2) 운영이야기

'복서원'에서 출판을 목적으로 글을 써오신 집필 교육생 분들은 점점 더 출판사를 통한 출판에 대하여 두려움을 가질 수밖에 없다.

책을 출판사로부터 받아들여지는 것이 전부가 아님에도 교육생들 입장에서는 출판을 하는 것에 대한 압박을 받기 마련이다. 글을 쓰는 교육이라는 점을 잠시 잊고 책을 쓰는 것이 목적인 교육으로 집중하기 때문이다.

그래서 김00교수님, 김00 소장님, 이00 편집자님은 '복서원'에서의 '선생님의 글에 대한 가치'에 대하여 강조해주셨다. 집필 교육생 한분 한분의 생각은 흩어져 있었으나, '복서원'에서 보내는 회차별 2일이 중요한 것이 아니라 한분 한분의 현장에서 이들을 '복서원'이 끈끈하게 연결해주고 있어 서로의 힘듦과 어려움에 대해서 소통해 나가고 힘을 얻고 있었다.

3) 담당자의 평

처음 하는 교육, 교육을 운영하는 사람이나 교육에 참여하는 사람이나 처음 가는 길은 두렵기 마련이다. 출간하는 것이 중요하지만 이 교육을 평가하기에는 출간이라는 것은 일부부분에 지나지 않는다.

책을 쓰는 과정을 통해 본인을 성찰하고 앞으로의 일에 대해서 충분히 고민할 수 있다면 그것이야말로 큰 의미가 있는 것임에도 불구하고 교육의 끝이 다가갈수록 조바심이 나는 것은 어쩔 수 없는 것 같다.

7. '복서원'의 7회차

1) 세부기획

 수료식은 개발원내에서 기획자, 담당자 등 많은 사람들에게 축하를 받고 참여하였던 분들 서로 축하를 해주는 시간으로 진행이 되었다.
 직접 집필하여 자료집을 출간하신 분, 집필할 수 있도록 참여하면서 격려해주셨던 교육생, '복서원'을 기획하고 담당했던 교수님과 윤재호 등 모두 참여하여 함께 축하하고 격려해주는 시간을 가졌다. 또한 자료집으로 출간된 책과는 첫 만남을 수료식에서 가질 수 있도록 하여 그 기쁨을 배로 할 수 있도록 하고 서로 책을 나눌 수 있는 시간을 가졌다.

 KOHI내에서의 수료식을 마치고 마음의 수료식을 하는 시간을 가지기 위하여 공주에 있는 외부(한국문화연수원)로 이동하였다. 이곳에서는 '숲과 향기'로 집필을 하면서 미처 놓지 못한 것을 위한 치유의 시간을 가질 수 있도록 하였다.
 업무와의 싸움, 시간과의 싸움, 그리고 나 자신과의 싸움. 집필을 하는 동안 있었던 많은 시간과 고통을 놓고 새로운 시작을 알릴 수 있는 시간을 가졌다. 이러한 과정에는 향기치료사님과 복지와 마음의 길을 안내해주신 김00교수님과 김00 소장님이 함께 해주셨다.

 나눔이 중요하다.

 책을 낸 것도 중요하지만 긴 시간 1년을 함께 해 온 것이 중요하다. 그것을 느낄 수 있는 시간으로 기획하였다.

제1기 복지현장탐구과정(福書院) - 7회차 -

○ 교육 목표 : 집필교정 및 사례연구
○ 교과목 구성

번호	모듈	교과목명	시간	강사 성함/소속	강의 방법
1	책나눔	책나눔1 -책 발간식: 첫만남-	1	김OO	강의 토론
		책나눔2 -발간책 읽기: 마주치기-	2	김OO	토론
		책나눔4 -복서원책 읽기: 좀 더 알아가기-	2	김OO	토론
2	책과 힐링	책나눔3 -책, 숲과 사람이 함께 걷다	1	김OO (한국향기명상협회 회장) 보조강사 (한국향기명상협회)	강의 참여
		책과 치유-에너지 up	2		
		책과 치유-힐링	1		
2	책집필 회고	복지현장과 책, 회고	3	김OO 교수 (한남대학교) 김OO 소장 (사회복지사무소 구슬)	강의 토론

○ 교육시간표

구분		12. 5.(목)	12. 6.(금)
1	09:10 ~ 10:00	**등록 및 교육안내** (김OO)	**복지현장과 책, 회고** (김OO, 김OO)
2	10:10 ~ 11:00	**책나눔1** -책 발간식: 첫만남- (김OO)	
3	11:10 ~ 12:00	**책나눔2** -발간책 읽기: 마주치기- (김OO, 이동)	
4	12:10 ~ 13:00		**중식**
5	13:10 ~ 14:00	**중식**	**수료안내** (김OO)
6	14:10 ~ 15:00	**책나눔3** -책, 숲과 사람이 함께 걷다- (김OO, 보조강사)	
7	15:10 ~ 16:00	**책과 치유-에너지 up** (김OO, 보조강사)	
8	16:10 ~17:00		
9	17:10 ~ 18:00	**책과 치유-힐링** (김OO, 보조강사)	
10	18:10 ~ 19:00	**석식**	
11	19:10 ~ 20:00	**책나눔4** -복서원책 읽기: 좀 더 알아 가기- (김OO)	
12	20:10 ~ 21:00		

2) 운영이야기

2013년 '복서원'에서 출판사를 통한 책3권과 개발원 자료집이 5권 출간되었다.

제일 먼저 강서구청에서 참여하신 분들은 강서구 부구청장님의 특명으로 시작하여 '복서원'에서 목표 했던 '복지현장에서 주민에게 길을 묻다'라는 제목으로 책을 출간하게 되었다. 그리고 인천 부평구의 이정숙 선생님과 경남 산청군의 조만선 선생님이 '사회복지공무원을 소개 합니다'라는 제목으로 책을 내었다.

이후 충남 아산시의 전병관 선생님도 소리 소문 없이 '지역 복지를 넘어 근린복지로'란 제목으로 책을 발간하게 되었다. 1년이 지나 2014년 전북 임실군 김정숙 선생님의 '어처구니의 다독다독'이 출판사를 통해 동일한 책제목으로 출간을 하였다.

책	저자 및 출판사	책 소개
복지현장에서 주민에게 길을 묻다	강서구청 11인 공저 정민사	강서구청 동아리('희망복지톡톡) 회원들이 각자 경험과 사례를 개인적인 견해로 정리한 보고서이다. 2012년 20년 이상 근무한 사회복지 공무원들이 주축이 되어 동아리 회원들은 공공복지현장의 경험과 사연들을 좀 더 진지하게 탐구해 보고 문제 해결을 위한 정책대안을 제시함
사회복지공무원을 소개합니다 social worker	인천 부평구 이정숙 경남 산청군 조만선 정민사	사회복지 전문요원이라는 이름으로 근무했던 사회복지공무원의 출발, 복지현장에서 만난 다양한 사례, 복지현장 전문가로서 작고 소박한 창의적인 도전을 해본 경험들과 분야별 사회복지정책을 소개하는 정보를 담음

책	저자 및 출판사	책 소개
	충남 아산시 전병관 양서원	사회복지 공무원으로서 정체성을 지키기 위해 저자가 근린복지 현장에서 추진한 사례들을 소개. 시민과 함께 하는 나눔문화 확산을 위한 아산행복드림, 만화창작교실을 통한 붕붕아트여행, 아프리카 아동의 후원을 위한 지구촌 나눔 캠페인 등 지역복지를 뛰어넘는 근린복지사업들을 통해 지역공동체로써의 의식 변화까지 꾀한 노력들을 담아냄
	경남 창녕군 김선희 개발원	사회복지 공무원들이 일하는 사회복지 현장의 이야기들을 진솔하게 전달하고 사회복지 현장에서 하루하루 고군분투하는 이야기를 들려줌으로 일반인들의 이해를 돕고 또한 우리 스스로 일을 대하는 자세와 업무의 통찰을 통한 반성과 성장의 계기를 만들고자 함
	대전 중구청 박찬경 개발원	진정한 복지서비스 제공을 위한 사회복지사를 꿈꾸며 개인의 성장과 발전을 위한 노력을 기록. 또한 저자가 현장에서 만난 복지대상자의 삶에 나타난 모습을 통하여 사회복지사의 복지대상에 대한 인식전환을 이루어내는 실천방법을 제시함
	전북 임실군 김정숙 개발원	3년 동안 취미생활로 해온 다독다독'이라는 독서모임을 통해 읽은 책을 통해 사회복지현장에서 일어나는 보람, 기쁨, 실패, 실수, 고뇌 등을 소개함 이를 통해 사회복지현장에서 일을 하고 있는 사람들과 공감대를 형성하고 사회복지 일을 하고자 하는 후배들에게 선배로서 걸어 온 길을 알려주고 실수 등을 반복 하지 않도록 하는 지침을 이야기 하듯 알려 줌

3) 담당자의 평

 한 해 동안 KOHI의 집합교육과 사이버교육에 참여하신 분을 대상으로 교육후기 공모전이 있었다. KOHI 교육은 보건과 복지의 다양한 현장의 분들이 참여하신 만큼 현장과 연계된 교육과정에 대한 이야기가 많을 수밖에 없었다.
 그 어느 때보다 많은 교육후기작이 공모가 되었고, '복서원'에 참여하셨던 분 중 6명(김선희, 김정숙, 남궁순철, 이익선, 이정숙, 조만선)이 공모전에 참여를 하였다. 참여하신 6분 중 김정숙 선생님은 기쁨상, 김선희·이정숙 선생님은 장려상을 수상하였고, 조만선 선생님은 당당히 2013년 교육후기 공모전에서 대상을 차지하였다.

〈 2013년 교육후기 공모전 대상 (조만선 산청군) 〉

내 삶의 패러다임을 풍요롭게 바꾼 '복지현장탐구과정(福書院)'

 평소 공직생활을 하면서 책을 출판하는 선배공무원들을 보면 너무 존경스럽고 부러웠다. 그런데 지난 3월 한국 보건복지인력 개발원으로부터 교육추천 공문이 왔다. 4월부터 10월까지 매월 2일씩 총 7회에 걸쳐 진행되는 교육, 바로 '복지현장탐구과정'이었다.
 전全 과정을 수료하면 '본인의 책을 출판할 수 있는 기회 제공!'이란 내용을 보는 순간, 잔잔했던 내 일상에 커다란 파문이 밀려왔다. 가끔 공무원 중에서도 책을 출판한 사람들도 있었지만, 과연 내가 그런 획기적인 일(?)을 할 수 있을까?···.

 그러나 어릴 때부터 나도 모르게 즐겨했던 일들을 떠올렸다. 유난히 책 읽는 것을 좋아하고, 시험문제 중 주관식은 유난히 자신 있어 하며 뒤 페이지까지 빼곡하게 채웠다. 초등학교 때는 소설(?)을 써서

친구들에게 읽어주기도 했고, 방학 과제 중 일기쓰기를 하루도 거르
지 않고 써서 선생님께 칭찬받았던 일들도 떠올랐다.

**그래, 이건 바로 나를 위한 교육이구나! 그동안의 일들이 글을 쓰
기위한 과정이었구나!**

이미 오래전부터 나도 모르게 간절히 원했던 일이 바로 글쓰기라는
사실을 깨닫는 순간이었다.

하지만, 담당하고 있던 업무 때문에 잠시 망설였다. 수시로 상담해
오는 민원인이 많은 시기였고, 신속하고 일정 기간이내에 처리해야하
는 '복지대상자 통합조사' 업무를 담당하고 있었기 때문이었다. 또한,
교육을 마치 쉬러가는 것이라고 생각하는 사람도 간혹 있어서 선뜻
마음을 내지는 못했다. 그러나 내 삶의 패러다임을 바꿀 알짜배기 교
육이 될 것이란 강렬한 믿음이 확고하여 도전의 문을 힘껏 열게 되었
다.

'감동(Customer emotion)'을 주는 교육

첫 교육을 마치고 개발원에서 빌려주는 책을 가득안고 돌아오는 버
스 안에서, 어떻게 이런 교육과정을 혁신적이고 창의적으로 기획했는
지에 감동했다. 그리고 내가 이 교육에 참여하게 된 것에 감사했고,
사회복지업무를 하게 된 것에 감사했으며, 공무원이 된 것에 감사했
다.

개발원의 교육은 교육생으로 확정되는 순간부터 종료되는 이후까지
일련이 그 모든 과정들이 '감동' 그 자체였나. 교육생으로 확정되자
마자 전자 우편, 전화, 문자 등 수시로 챙기는 것은 물론 아침 일찍
나선 교육생을 배려하여 식빵과 간식거리까지 준비해놓았다. 심지어
다음 과정까지 연계하여 교육을 받을 수 있도록 끊임없이(?) 안내해
준다. 이런 세심하고 사려 깊은 일들은 교육을 마치는 그날까지 잔잔
한 감동으로 다가왔다.

강의실 뒤편에는 글쓰기에 필요한 책들을 가득 꽂아놓고 가져가서 언제든지 읽어도 좋다며, 지식과 정보들을 아낌없이 나눠주었다. 또한, 글쓰기에 필요한 도서(복서원의 책)까지 추천해준 덕분에 체계적인 책읽기도 할 수 있었다.

매회 교육을 마치면 개발원에서 무료로 보내준 책이 도착했다. 다음 달 교육에 참석할 때까지 짬짬이 읽어야 한다. 업무로 바쁜 일정이었지만, 책을 보내주며 글쓰기의 내공을 쌓아주려고 노력하는 진심 어린 배려에 더욱 열심히 책읽기를 하였다.

그로인해 글쓰기의 의욕은 또 다른 기쁨의 전율이 되어, 내 마음 깊은 곳에 알알이 맺힌 꽃망울인 양 눈부신 햇살에 하나씩 터뜨리듯 힘차게 피어났다. 그 교육에 참여한 이후, 아침에 일어날 때와 새벽녘에 잠자리에 들 때면 은근한 행복감이 한없이 밀려오는 그런 날들의 연속이었다.

열정(Passion)'을 갖게 해 준 교육

이 과정에 '홀릭holic'하게 된 이후, 사무실에서의 업무도 바쁜 시기여서 항상 밤늦게까지 일을 해야 했다. 집에 돌아오면, 집 청소하고 아이들 챙기고 나면, 밤 12시가 넘어서야 글을 쓸 수 있었다. 비록 몸은 피곤했지만 글쓰기의 의욕과 열정만은 충만했다. 거실에 앉아서 노트북 자판을 두드리다 보면 밤 2~3시가 되었고, 글을 쓰는데 도움이 되는 책은 밤을 지세워 읽기도 했다. 잠이 부족해 충혈된 눈으로 출근했던 날이 대부분이었지만, 새벽녘의 고요함 속에서의 글쓰기는 나만의 아늑한 기쁨의 시간이었다.

강사로부터 좋은 문장보다는 진실성이 있는 글을 써야한다고 강조했던 말을 떠올리며 그동안 내가 했던 복지 업무들을 정리해 나갔다. 그러나 밀려오는 피곤함에 나도 모르게 노트북을 껴안고 잠들었던 때가 한두 번이 아니었다.

다음 교육 때까지 제출해야 할 글을 쓰지 못해 교육에 빠질 생각도 했었다. 그런데 어떻게 그런 생각을 알았는지, 개발원에서는 과제를 제출하지 못해도 괜찮으니, '열정'만을 갖고 교육에 참석해도 된다며, 문자, 이메일까지 보내온다. '휴!' 한숨을 내쉬며, 과제를 못한 죄책감과 다음 달에는 꼭 멋진 글로 보답할 것을 다짐하는 마음만을 가지고 교육에 참석한다. 비록 과제는 제출하지 못해도 교육을 마치고 나면 참석하기를 정말 잘했다는 생각이 든다. 지방에서는 생각지도 못할 우수한 강사진의 명 강의들로 커리큘럼이 잘 짜여 있기 때문이다. **강의를 듣고 나면 항상 '활화산 같이 타오르는' 그런 글쓰기의 열망으로 밤잠을 설쳐대곤 했다.**

그런 덕분에 꽤 많은 분량의 글을 써서 제출하였다. 한 달 동안 육체적으로는 힘들었지만, 하면 된다는 의지가 더 굳건해진 계기가 되었다.

강의 오신 출판사 선생님으로부터 칭찬을 받았다. '글이 경쾌하고 밝으며, 쉽고 간결하다. 자기중심적이지 않고, 직접적인 표현을 쓰지 않으면서도 무슨 내용인지를 잘 알 수 있어 좋았다. 글을 잘 썼다' 이런 칭찬을 받으니 꼭 내가 베스트 작가(?)가 된 듯 뿌듯했고, 더욱 열정적으로 글을 쓸 수 있는 동기부여가 되었다.

'협력(Collaboration)'하게 해 준 교육

글을 쓰며 서로 얘기를 나누다 보니 공통된 생각을 나누는 동료와 팀을 이루었다. 여름휴가를 내고 글을 쓰는 창녕군의 열혈파 '써니', 물 흐르듯이 자연스럽게 글을 잘 쓰는 인천시의 '부평댁' 이렇게 3명이 뭉쳤다. 글을 잘 쓰지 못하고 시간이 없다며 서로 엄살(?)을 부렸지만 모두 베스트 작가처럼 글을 잘 쓴다. 열심히 진행하고 있는지 온라인으로 서로 안부를 전하기도 하고 서로 감시자(?)가 되어 다독여주었다. 결국은 3명 모두 개발원으로부터 각자 책을 출판했다. 그리고 '부평댁'과 나는 공저로 출판사에 책을 냈다. 이 교육과정이 없었더라면 이루어질 수 없는 일들이다. 가끔, 일을 하다가도, 출퇴근을 하다가도 스스로 그 뿌듯하고 대견스러움에 슬며시 행복한 미소를 짓는다.

열정적인 실천인으로 변화하다!

이 교육으로 나의 일상생활과 민원인을 대하는 마음가짐이나 대응능력까지 변화되었다.

매주 2권 정도의 책을 읽게 되었고, 마음의 지식이 풍요로운 행복한 일상이 되었다. 무엇보다 기쁜 것은 내가 진정으로 좋아하고 즐기면서 할 수 있는 일을 찾은 것이었다. 평생 동안 온전히 즐기면서 할 수 있는 일, 바로 '글쓰기'이다.

그래서, 이젠 모든 것을 기록하려고 노력한다. 꿈을 꾸었던 내용이나 별일 없었던 일상들도 기록한다. 심지어 예전에는 민원인의 욕설 등 폭언을 들으면 하루 종일 수치감으로 우울한 날이었는데 이젠 크게 동요되지 않는다.

평소, 민원인으로부터 입에 담지 못할 폭언이나 협박 등에 시달려도 스스로 '힐링Healing' 하려고 노력한다. 그리고 그 사람 입장에서 한 번 더 생각해 보려고도 노력한다.

9월 어느 날 기초생활수급자에서 제외되어야 할 수급자로부터 전화가 왔다.

"이 ×××야!, 내가 지금 회칼을 들고 갈 테니까 지금 그대로 있어! 이 ×××아!"

"네가 잘났으면 얼마나 잘 났길래 이 ×××야!, 지금 듣고 있어? 직이 삔다이(죽인다)! 꼼짝말고 있어라, 내가 니 직이고(죽이고) 교도소 들어갈끼다! 이 ×××아!"

전화로 온갖 폭언을 다 쏟아내더니 사무실까지 찾아와서 힘들게 했다. 예전 같았으면 무섭고 두려워서 어쩔 줄 몰라 했을 텐데 느긋하게 대처했다.

이젠, 이런 상황들과 민원인의 디테일한 욕설(?)까지 모두 행복e음과 노트에 기록한다. 폭언하고 억지 쓰는 민원인, 조그마한 일에도 고마워하는 민원인 등 복지 업무의 일상들을 기록한다. 기록하면서 스트레스도 풀고, 동료들과 공유하여 위로받고, 대처방안을 의논하기도 하니 마음이 한층 편안해지는 것 같았다.

또한, 업무를 하면서 지침서를 정독하여 제도의 문제점을 밝혀내고 개선방안들을 제안한다. 이 또한 나의 변화된 모습이다.

무엇보다 성취감이 있었던 일은 책을 읽다가 문득 아이디어가 떠올라 우리군 복지 업무에 접목시켜 계획하고 설행한 '비非예산 복지 특수시책이 있다. 바로 '신임 사회복지공무원 업무자존감 향상을 위한 원예치료 프로그램'이다. 전국에서 최초로 시행한 것 같았다. 지난 7월 안전행정부에서 시달된 내부 공문(사회복지전담공무원 처우개선방안)에 의하면, '안전한 근무여건 조성을 위한 지자체별 스트레스 관리 및 심리치유를 위한 각종 힐링 프로그램 운영' 예시 중 우리 군에서 실시한 원예치료 프로그램이 실렸던 것이다. 이 교육과정 덕분에 업무뿐 만 아니라 모든 일상이 열정적이고 행복한 날들로 변화된 나의 삶이다.

도전하는 삶, 내가 좋아하는 길을 가리라!
(從吾所好, -마흔,논어를 읽어야할 시간, 신정근, 2011-).

그 동안 교육을 받으면서 새로운 마법의 세상이 펼쳐진 듯 했다. 내가 노력하는 것만큼 이루어지고, 마음먹은 대로 이루어질 것이란 믿음이 생겼다. 공직생활에서나 가정에서나 좀 더 열정적인 삶이 되고자 다짐해 본다. 내가 이렇게 건강하고 남을 도울 수 있음에 기쁘게 생각한다. 복지 업무 마인드와 내 삶의 패러다임을 혁신적으로 변할 수 있도록 해 준, 이 교육과정에 참여하게 된 것은 큰 행운이었다고 생각한다. 나에게는 앞으로의 인생을 살아가는 강력한 무기를 얻게 해준 교육이기 때문이다.

"관직을 맡은 사람이 자신의 직분을 다하지 못하게 되면 자리에서 물러나야 한다."「有官守者 不得其職則去,유관수자 부득기직즉거」(맹자,公孫丑下.5).라는 말이 있다.

후배 공무원들에게 부끄럽지 않은 사람이 되고자 맡은 일에 최선을 다함은 물론, 창의적인 업무 실천이 내면화 되도록 노력할 것이라고 다짐해 본다.

　내가 하고자 하고 좋아하는 일들이 이루어질 수 있도록 끊임없이 노력하고 도전하는 삶으로 변화되게 해 준 한국보건복지인력개발원 교육과정에 진심으로 감사함을 느낀다.

　"뜻한 바를 도모하려는 사람의 행위는 우물을 파는 것에 비유해서 말할 수 있다. 우물을 파다가 설령 아홉 길까지 파들어 갔다고 하더라도 수맥을 만나기 전에 그만두면 그것은 처음부터 우물을 파지 않았던 것과 마찬가지다."

「掘井九軔 而不及泉 猶爲棄井也」(맹자,盡心上 29).
강형기(2010) 『논어의 자치학』

〈 「2013 KOHI HRD 페스티발」 시상식 모습(왼쪽 첫 번째) 〉

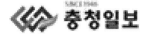

한국보건복지인력개발원, 국내 최초 복지현장 생생한 이야기들 '책' 발간

2013년 12월 05일 (목) 20:29:00   이정규

[충청일보=이정규기자]복지현장의 산 증언들이 수록된 기록집이 국내에서는 처음으로 발간돼 관심을 모은다.

한국보건복지인력개발원(이하 인력개발원)은 5일 복지 분야 업무 운영 사례를 기록한 책 7권을 발간했다고 밝혔다.

이번에 발간된 책자는 조만선씨(경남 산청군청)의 '풍요로운 복지를 꿈꾸다', 이정숙씨(인천 부평구청)의 '선배가 들려주는 복지현장 이야기', 김선희씨(경남 창녕군청)의 '사회복지현장 희망노트', 박찬경씨(대전 중구청)의 '사회복지공무원의 감성수업', 김정숙씨(전북 임실군청)의 '어처구니의 다독다독', 전병관씨(충남 아산시청)의 '사회복지에서 길을 찾다'와 서울 강서구청의 김철우·남궁순철·안미영·이성숙·이익선·최시정씨가 공동 집필한 '복지현장에서 주민에게 길을 묻다' 등이다.

이번에 발간된 책 속에는 현장에서 겪었던 생생한 경험이 담겨있다는 점에서 그동안 출간됐던 전문서적과는 분명한 차이를 보였다.

특히 인력개발원은 지방자치단체에서 사회복지업무를 담당하는 이들과 복지업무 관련 공무원을 초청해 책자 발간을 위한 교육과정을 신설해 눈길을 끌었다.

인력개발원은 지난 4월부터 이달까지 7차례에 걸쳐 복지분야 담당자들이 자신의 스토리를 책으로 발간할 수 있도록 돕는 '복지현장탐구과정'을 진행했다.

1기에서는 기록의 중요성과 복지담당 공무원의 업무 가치에 대해, 2기에서는 책이 만들어지는 과정과 출간 사례를, 3기에서는 나의 공직과 나의 기록계획

을, 4기에서는 올바른 글쓰기 기술과 나의 집필 계획을, 5~7기에서는 집필교
정 및 사례 연구를 전문 강사를 통해 교육했다.

인력개발원 한익희 교수는 "사회복지 현장의 경험을 기록으로 남겨보자는 취지
로 이번 과정을 기획했다"며 "국내에서는 처음으로 시도된 일"이라고 말했다.

한편 발간기념식과 교육과정 수료식이 이날 류호영 원장이 참석한 가운데 인력
개발원에서 개최됐다.

 경남신문

사회복지공무원이 펴낸 '현장 희망노트'
창녕군 주민생활지원과 김선희씨, 노인·여성 등 다양한 분야 경험 담아

2014년 1월 3일 11:00   김병희

현직 사회복지공무원이 공공복지의 최일선에서 겪었던 사회복지분야의 다양한
이야기가 수록된 기록집을 발간해 화제다.

창녕군 주민생활지원과에 근무하는 김선희(44·사회복지7급·사진) 씨가 그 주인

공으로 사회복지업무를 보면서 겪었던 경험과 소중한 인연들을 '사회복지현장 희망노트'라는 제목으로 책을 엮었다.

이번에 김 씨가 기록집을 발간하게 된 것은 한국보건복지인력개발원에서 개설한 복지현장탐구과정 교육 덕분이다.

인력개발원은 지난 4월부터 이달까지 7차례에 걸친 교육과정을 통해 사회복지담당 공무원들이 기록집을 발간할 수 있도록 도왔다.

1기 교육에서는 기록의 중요성과 복지담당 공무원의 업무 가치, 2기에서는 책이 만들어지는 과정과 출간사례, 3기에서는 나의 공직과 나의 기록 계획, 4기에서는 올바른 글쓰기 기술과 나의 집필 계획, 5~7기에서는 집필교정 및 사례연구를 전문강사를 통해 교육했다.

이런 과정을 통해 복지현장의 생생한 기록을 담은 7권의 기록집이 발간됐으며, 그중 하나가 김선희 씨의 '사회복지현장 희망노트'다.

이번에 발간된 책에는 복지담당 공무원들이 현장에서 겪었던 생생한 경험이 담겨 있다는 점에서 그동안 출간됐던 전문서적과는 다르다는 것이 인력개발원의 설명이다.

김 씨는 그동안 기초생활보장, 노인복지, 여성복지 등 다양한 분야에서 복지업무를 수행해 왔으며 저소득층 보호, 지역사회 자원 발굴을 통한 지역공동체 형성 등 창녕군 공공복지발전을 위해 노력해 왔다.

대구가톨릭대학교 대학원을 졸업한 김 씨는 지난 1994년 4월 창녕군 사회복지공무원으로 임용돼 창녕읍, 유어면, 계성면, 주민생활지원과 등에서 복지업무를 수행해 왔다.

김병희 기자

제4장 복서원(福書院)에 대한 기대(期待)

1. 1기 졸업생들의 글

1) 이정숙 인천 부평구

복서원에서, 20년 갈증을 풀다

언제부턴가 고장 난 엘리베이터를 타야 하는 꿈과 대학 강의실을 찾아 헤매는 꿈이 반복적으로 나를 찾아오기 시작했다. 다급하고 불안한 정서가 가득한 꿈이었다. 꿈에서 깨어나면 영 기분이 좋지 않아 나에게 말을 걸기 시작했다.

넌 엘리베이터가 필요 없는 3층에 살고 있어?

충분히 걸어서 올라가면 돼, 엘리베이터는 필요하지 않다고 !

그리고 왜 대학 강의실을 찾아 헤매는 꿈을 꾸는 거지?

넌 이미 대학을 졸업했고 대학원 공부도 마쳤어! 정신 차려 !

그럼에도 불구하고 내 깊은 무의식속에서는 뭔지 모를 해소되지 않았던 갈증이 가득한 욕구가 불쑥불쑥 솟구쳐 올라와 나를 찾아 오곤 했다.

18년 이라는 시간을 사회복지 전담 공무원으로 살면서 나도 모르게 켜켜이 쌓여왔던 스트레스와 조직에서 느꼈던 불공평함이 내면화 되어 있다가 나도 모르게 내 의식을 삐죽이 열고 나오려 하고 있었던 건 아닌지 모르겠다.

2009년 12월 사(死)통망이 개통 되면서 통조팀으로 발령 받아 1년이 막 지날 때쯤이었다. 아침에 일어나면 출근하기가 너무 싫었고 더구나 공무원 조직에 염증도 느끼고 있던 터였다. 이 노릇을 계속해 ? 말어?

묵묵히 열심히 일하는 사람은 늘 일에서 헤어 나오지 못하고 가는 곳마다 산 넘어 산인 기피 부서이며 천성적으로 아부 하고는 거리가 먼 불뚝 서니 성격에다 술 한 잔도 하지 못하는 주변머리는 벼랑 끝으로 나를 몰아가고 있었다.

성실하게 묵묵히 일하는 사람들을 인정해 주지 않는 이런 조직 이라면 추호의 미련도 없노라 이젠 떠날 때가 온 것이라는 비장한 결심마저 하고 있던 차에 **"I am 복지 디자이너"**

교육과정 모집 공문을 보았다. 순간 직감적인 느낌이 왔다.

니는 누구인가? 17년 하고도 6개월을 사회복지 전담 공무원으로 살아온 내가 나를 모르는 사람들 앞에서 과연 나를 무엇이라고 표현 할 수 있을까?

조직 앞에 길들여져 온 무기력, 그저 열심히 일만 해온 어설픈 성실, 자의식 과잉으로 자꾸만 높게 쌓아올린 혼자만의 고립, 그

야말로 타는 목마름으로 기획담당도 아닌 통합조사담당으로 KTX를 타고 2010년 12월 8일 이른 아침 대전 스파피아 호텔로 향했다.

교육이 다 그렇지 뭘, 별다른 기대감 없이 교육이 시작되었다.
하지만 시간이 지나면서 나도 모르게 강의에 점점 몰입되고 있었다.
"복지프로그램 기획" 김종근 선생님의 강의는 정말 인상 깊었다. 삼성에서 잘 나가던 이사였던 그는 하루아침에 타의에 의해 사오정으로 퇴직을 한 후 집 주변 사찰에서 3000배를 하면서 마음을 추스르고 다시 일어 설 수 있었다고 한다.
그의 이야기는 곧 나의 이야기였다. 강사 멋있고 강의내용 좋고 나도 모르게 집중하고 있는 나 자신을 발견할 수 있었다.
Action Learning 이란 개인 또는 팀이 당면한 문제를 직접 해결해 나가면서 스스로 학습하는 과정을 말한다. 우리는 팀별로 post-it를 이용하여 아이디어를 정리하고 지자체 우수복지 프로그램을 공유하며 실제 복지프로그램을 기획해 보았다.

18년이라는 시간을 단순 복지상담 민원신청 업무를 보면서 숨 가쁘게 보냈으나 무기력하게 보냈다고 생각해왔었다. 그러나 이 시간을 통해 스스로 쌓아온 역량이 결코 작은 것이 아님을 깨달을 수 있었다. 또한 복지전문가로서 자기 계발 및 혁신 계획을 수립하면서 나의 약점보다는 강점을, 부정적인 요소 보다는 긍정적인 요소를 더 많이 보고자 가재 눈을 뜨고 스스로를 성찰해 보는 기회도 가졌다. 이는 스스로에 대한 자존감회복이며 타성에 젖은 습관에 대한 깨우침이기도 했다.

그 덕분일까? 바로 Tipping Point[21]을 경험한 것이다.

2011년 2월 팀장 승진을 했고 5월 부평구 백일장에서 시 부분 장원을 했으며
알게 모르게 조금씩 준비해 왔던 복지기획을 담당하게 되었다.
 고맙게도 교육이라는 기회를 통해 변화와 자기성장을 이끌어 낼 수 있었다.

"I am 복지디자이너" 교육과정은 2010.12월 처음 신설되었고 2011년 6월에 1차 8월에 2차 교육에 참여하면서 자기가 근무하는 지역사회 고유의 복지기획물을 만들어 내야 한다는 과제가 주어지는 과정이었다. 복지기획팀에서 기획력의 부재를 절실하게 체감하고 있었던 터라 이 과정은 나를 위한 교육과정임을 알아차리고 자석에 끌리듯 망설임 없이 신청했다.
 3년에 걸친 3회 교육 참여라는 경이로운 기록을 만들어 냈다.
 솔직히 고백하자면 2012년 교육은 개인적인 연가를 내고 사비로 교육비를 지출했다. 내게 꼭 필요한 교육이라면 이런 열정 정도는 있어야 하지 않을까?

공감 &변화를 꿈꾸다.

 이 교육에서 지역복지와 지자체의 역할이라는 보건복지부 송00 과장님의 특강은 내 속에 깊이 잠들어 있던 씨앗 하나를 흔들어 깨웠다.
 "열정이란 모든 것을 끌어당기고, 만남은 삶의 기적을 일으킨다."
 정말 그랬다. 기획력의 부재를 메꾸기 위해 사석처럼 이끌려 찾아온 교육과정에서 사그라져 가던 열정이 되살려지고 책 쓰기 라는 기적 같은 도전으로 오랜만에 마음이 두근두근 설레기 시작했

---

21) Tipping Point란 무명의 시간들을 견뎌온 노력이 응축되어 어느 순간 급속도로 폭발적인 발전이 눈앞에 다가온 변화를 말한다.

다. 그분의 열정과 해박한 지식은 몇 번 접한 적이 있었다.

지역복지의 창의적인 노력과 열정, 지역복지 행정은 가장 접근성이 좋은 주민 센터가 최 접점으로 지역주민을 중심에 두는 행정의 변화를 주문하셨고 소통과 학습 그리고 실무자의 책 쓰기를 강조 하셨다.

"기획이란 조직의 아래로부터 나오는 것이 바람직하며 뛰어난 머리에서 나오는 것이 아니라 진득하게 집요하리만치 그 문제를 파고 들 수 있는 엉덩이와 두 발에서 나오는 것이라는 말에 진심으로 공감 했다.

교육을 마치고 내게 아름다운 변화들이 찾아왔다. 하루 일들을 정리 메모하며 하루 하루를 기록한다. 정신질환 민원이 와서 횡설수설한 내용도 기록하고 출소자가 와서 온갖 험한 말들을 쏟아놓고 간 것도 메모한다.

40대 멀쩡한 남자가 양복을 멋지게 차려입고 와서 울고 간 사연도 기록하고 가정폭력으로 슬리퍼만 끌고 나와 도움을 요청한 여성 이야기도 기록한다.

잘 보낸 오늘 하루의 이야기를 건져 놓는 것이다. 이런 메모들이 먼 훗날 책으로 출판하는 날이 왔음 하는 꿈이 있었다. 위기는 변화를 위한 큰 선물임을 다시 한 번 깨달았다. 보건복지부 송00 과장님이 늘 강조하던 책 쓰기의 꿈을 어느새 내가 실천하고 있었다.

2013년 2월 자문회의 부터   총 7회에 걸친 교육 참여는 사실상 민원 업무를 보는 창구직원들은 불가능한 교육이었다. 적어도 10년차 이상의 고 참 직원이나 팀장 정도는 되어야 시간을 낼 수 있었고 기본적인 독서와 글쓰기의 역량이 쌓인 사람들이 큰맘을 먹고 독하게 덤벼들어야 하는 1년 과정으로 푸른 나뭇잎에 교묘

한 위장술로 숨어있는 카멜레온처럼 과정명도『복지현장 탐구과정』이었다.

교육을 신청한 대부분의 교육생들은 복지 현장을 방문하고 견학하는 과정으로 알고 신청을 하였고 와서 보니 '전혀 아니네' 하는 표정으로 교육 횟수를 거듭할수록 교육생들이 눈이 띄게 줄어들었다.

처음부터 분명한 목적을 가지고 부구청장님의 전폭적인 지지를 받으면서 대거 참여한 강서구의 팀장님들과 임실군에서 독서모임을 오랫동안 이끌며 독서량이 탄탄한 김정숙 팀장님. 네이밍을 아주 잘하며 문창과 출신이냐는 질문을 받을 정도의 필력을 자랑하던 창녕군 김선희 팀장님, 학구적이며 지역복지 특색사업의 달인인 산청군 조만선 팀장님, 행정논문 공모전 우수상등 지역복지의 전문가 이신 아산시의 전병관 과장님, 늘 파이팅을 외쳐주시던 천안시 정재화 팀장님, 글은 쓰지 않았지만 끝까지 참여해준 청주시 이상종 팀장님, 가정 바로 세우기에 관심이 많은 박찬경 팀장님등 소수 정예의 교육생들만 끝까지 남았다.

< 1회차 단체사진 >

2월 자문회의에서 김00교수님과 김00소장님을 처음 만났을 때였다.

회색 누비 두루마기에 긴 수염을 기른 교수님에게서는 올곧게 살아온 단단한 내공이 느껴졌다. '멋있으세요.' 라는 내 첫마디에 소년처럼 수줍게 웃던 교수님이 참 인상적이었다.

더구나 열정으로 똘똘 뭉친 한국보건복지인력개발원 '복서원' 과정을 기획하고 준비한 윤재호 선생님과 구슬복지사무소 김00소장님을 키워낸 스승이었다.

스승은 대견한 눈빛으로 제자들을 바라보고 제자들은 스승의 이야기를 정성들여 경청하고 스승을 존경하면서도 스스럼없이 대하며 졸업 후에도 서로가 서로에게 힘이 되어 주는 모습에서 느껴지던 스승과 제자들의 따뜻한 연결이 시샘이 날 정도로 부러웠다. 왜 나는 저런 스승을 한명도 가지지 못했던 걸까?

평생을 살아가면서 이 길이 맞을까요? 제대로 가고 있습니까? 스승에게 길을 묻고 제자들은 스승을 찾고 스승은 이에 기꺼이 시간을 내어주고 응원하며 즐거워하는 모습들에서 관계의 행복함이 물씬 풍겨 나왔다.

저렇게 아름답게 살고 있었구나. 나도 저들 속에 들어가고 싶구나! 라는 생각이 들었다. 5월 교원대학교 초등학교 교실에서 한 수업은 정말 인상적이었다.

지금도 생생한 독수리 동영상은 후배들과 늘 함께 공유하기도 했다.

"독수리는 40년을 살면 부리는 구부러지고 발톱은 닳아져 무뎌지고 날개는 무거워 져 날기도 힘들어 집니다. 그러면 독수리는 중대한 선택을 해야 합니다.

그렇게 지내다가 서서히 죽느냐 아니면 고통스런 과정을 통해 새로운 삶을 살 것인가? 신중하고도 어려운 결정을 해야 합니다. 변화와 도전을 선택한 독수리는 홀로 바위산으로 날아갑니다. 먼저 자신의 부리로 바위를 마구 쪼기 시작합니다. 쪼고 쪼아서 낡고 구부러진 부리가 다 닳아 없어질 때까지 쪼아 버립니다. 그러면 닳아진 부리 자리에서 매끈하고 튼튼한 새부리가 자랍니다.

그리고 새로 나온 부리로 무디어진 발톱을 뽑아 버리고 마지막에는 무거운 깃털을 하나씩 하나씩 뽑는 생사를 건 130여일을 보내고 난후 새로운 부리와 발톱과 날개로 40년을 더 살게 됩니다. 인생을 살다보면 많은 선택을 하게 됩니다. 그런데 당신에게 필요한 것은 선택이 아니라 결정입니다.

중요한 변화를 위한 기회가 찾아와도 용기 있는 결정을 하지 못한다면 아무것도 달라지지 않습니다.

당신이 원하는 변화가 무엇인지, 무엇이 기회인지 당신만 알고 있습니다.

당신의 결정은 당신의 미래입니다. 이 동영상을 통해 18년 이라는 공무원 조직에서 무뎌진 부리와 발톱과 날개를 뽑아내기로 용기 있는 결정을 했다. 그리고 7월 다시 오송으로 향하는 KTX에 몸을 실었다.

김선희 조만선 팀장님과 그리고 내가 3인 공저로 책을 쓰기로 용감한 결정을 하고 7월 교육에서 검토를 받았을 때 국립국어연수원의 박00 교수님의 칼날 같은 비평이 시작되었다.

'세 사람이 모두 문체도 다르고 주제도 틀리고 어떻게 공저를 쓰겠다는 것이냐, 이것으로는 책이 될 수 없다'는 상력한 한방을 날리시는 것이었다.

사실 우리글을 차근차근 읽고 피드백을 해주시길 원하고 바랐으나 워낙 바쁘신 분이라 건성건성 봐주시는 것에 마음이 상해 있었다. 잘 읽어보시지도 않고 책이 될 수 없다는 말에 절망감이 밀려왔다. 어떻게 교육이 끝났는지, 완전히 풀이 죽어 귀가를 했다.

멍 때리는 시간이 많아졌다. 개발원에서 내주는 책으로 만족하자. 그리고 더 노력하고 내공을 쌓자. 포기 반 미련 반으로 마음을 정하지 못하고 있을 때

산청군 조만선 팀장님으로부터 전화가 왔다. "여기서 포기할 거예요, 저는 포기가 안돼요 강서구 팀장님들 책 출판하기로 한 출판사 알아볼까요, 같이 공저로 하실래요." 조 팀장님과 똑 같은 마음이었다. 여기서 포기 할 수는 없었다.

포기 할 수 없었던 가장 큰 이유는 아끼고 사랑했던 후배의 죽음이 내게 용기를 낼 수 있게 해주었다. 산다는 것, 별것이 아니었다.

9월 초, 너무도 갑자기 어이없는 후배의 죽음을 만났다.

야무지고 똑똑하고 일에 대한 열정이 넘쳤고 글을 잘 쓰는 역량이 참 많은 아깝고 아까운 후배였다. 우리 구에서 부모님이 계시던 서울 강서구로 전출을 간 그녀는 4개월이 채 안되어 죽음으로 삶을 마감했다. 처음에는 사고라는 소식을 들었고 우리 모두 그렇게 믿었다. 가족들 역시 쉬쉬하면서 사고로 위장하기에 바빴다. '복서원' 교육을 온 강서구 팀장님들로 부터 사고가 아니라 자살이라는 진실을 듣고 옆 강의실에서 그야말로 통곡을 하고 말았다. 40대 초반, 무엇이 그녀를 벼랑 끝으로 몰고 갔을까? 병든 부모님 수발과 낯선 곳에서 적응해야 하는 것들로 인해 마음이 힘들었다는 것은 짐작하고 있었다. 그러고 보니 카톡의 상황메세지도 "가야 할 때가 언제 인가를 분명히 알고 가는 이의 뒷모습은 얼마나 아름다운가?" 이형기의 낙화라는 시의 일부였다.

왜 좀 더 신경 쓰지 못했을까? 왜 좀 더 마음을 다독거리지 못했을까? 늦은 후회가 가슴을 쳤다. 그녀는 늘 술만 먹으면 늦은 밤 전화를 걸어왔다.

"언 냐? 내가 얼마나 좋아하는지 알지?" 그러면서 주저리주저리 가족이야기, 사무실 이야기를 끝도 없이 늘어놓곤 했다. 얼른 끊으려는 나와 붙잡고 늘어지는 그녀와의 대화는 늘 맹숭맹숭 했고 이튿날이면 헤헤 웃으면서 사무실에 나타나곤 했다.

그녀의 업무 처리는 정의로웠고 깔끔했으며 나이어린 후배들에게 온갖 욕설을 하는 악성 민원이 오면 나설 때를 분명하게 알았고 논리적인 설명과 분명한 언어구사로 단번에 민원을 평정하는 해결사이기도 했다. 후배사랑이 지극하여 신규들이 들어오면 시간과 노력과 경비를 자비로 들여 학습 동아리를 꾸려 업무 지침 공부를 함께 하며 후배들의 빠른 적응을 돕는 오지랖 넓은 천상사회복지사 선배여서 후배들이 좋아하고 따랐다.

또한 얼마나 감칠맛 나게 글을 잘 쓰는지 그녀가 남기고 간 전출 인사를 부구청장님이 두고두고 칭찬했던 기억이 새롭다.

그런 그녀가 갑자기 하늘나라로 갔다.

사는 게 너무나 허무했다. 그녀가 사준 방석, 부여 박물관에서 사다준 고풍스런 노트, 자리를 옮길 적마다 축하 화분들, 생일 선물로 사준 잠옷 시선이 가는 곳마다 그녀가 기억나지 않는 것이 없을 정도였다. 괴롭고 힘든 시간이었다.

내가 옆 강의실에서 통곡하는 소리가 들리자 몇몇 교육생들이 뛰어 왔다.

교육생들은 아마도 책 출판이 좌절되자 통곡하는 것으로 오해를 한 모양이었다. 솔직히 말하면 책 출판에 대한 좌절과 허무한 젊은 친구의 죽음과 슬픔이 뒤범벅이 되어 어떤 것이 주된 감정인지도 모를 정도로 터져 나온 통곡 이었다.

그리고 나는 결정을 했다. 부족하면 부족한 대로 출판하자.

중요한 변화를 위한 기회가 찾아와도 용기 있는 결정을 하지 못한다면 아무것도 달라지지 않는다. 이 결정의 결과로 무엇이 내게 오든 내가 감당해야 할 몫이며 내 것으로 만들어야 한다고 맘먹고 나니 한결 편해 졌다.

그 후 10월 일사천리로 진행되었다.

계약과 동시에 4번의 원고수정 단계를 거치고 표지를 결정하고 번갯불에 콩을 볶았다. 책을 내고 나니 뿌듯함과 두려움이 동시에 밀려왔다.

솔직히 고백하건대 산청군 조만선 팀장님은 점까지 보았다고 한다.

점괘는 "대박은 아니지만 우세는 당하지 않겠다."고 했단다.

점쟁이 말대로 대박은 아니었다. 그렇지만 아주 작은 변화들이 나를 찾아오기 시작했다.

책을 읽고 고등학생 다섯 명이 무턱대고 구청으로 찾아오기도 했고, 중학생들을 위한 직업 체험(사회복지사) 강의 신청이 들어오기도 하며 지역복지관에서 주민 교육 등 강의 신청이 들어왔다. 강의를 간다고 하면 시샘이 섞인 불편한 시선들이 느껴지기도 했다.

감사실에서는 연가를 내고 강의를 가라는 등 무언의 압력이 있기도 하고 더욱 겸손해 지리라는 생각으로 조심스럽게 행동해야만 했다.

2016년과 2017년 '복서원'의 멘토가 된 것은 무엇보다도 기쁘고 보람된 일이었다. 책이라도 한 줄 더 보게 되고 함께 성장하는 기쁨을 누릴 수 있었다

내 미래의 꿈은 '복서원'이라는 글 쓰는 집을 만드는 일이다.

강화도 송해면에 1000평의 부지를 마련하고 빨간 벽돌집을 지어 '복서원' 출신들이 언제나 부담 없이 찾아와 글을 쓰고 직접 지은 농사로 먹거리로 만들어 함께 먹고 쉬면서 자신들의 꿈과 비전을 세우고 에너지를 충전하며 글쓰기는 물론 사람살이를 코칭해줄 수 있는 멋진 '복서원' 1기 다운 대모가 되는 것이다.

'복서원'을 통해 제 2의 인생의 방향이 설정된 것이다.

'복서원' 후배들의 많은 응원과 기도를 부탁한다.

2) 전병관, 아산시

복지 전도사 글쟁이로 산다는 것

하루하루 무의미하게 흘러가는 인생이지만, 사람들에게는 저마다 잊을 수 없는 강렬한 시기가 있다. 내게 있어서 2010년은 공직자로서 살아온 인생을 돌아보게 한 해였다. 그리고 앞으로 내가 어떤 삶을 살아가야 할 것인지도 구상하게 해주었다. 2010년 6월 지방선거를 앞두고 학교급식 문제가 가장 큰 이슈로 떠올랐다. 그리고 무상급식 문제는 급기야 수면 아래에 있던 우리 사회의 복지 패러다임을 크게 흔들기 시작했다. 무상급식은 정치인의 경향성을 따지는 문제를 넘어서서 국가적 아젠다로 급부상하기에 이르렀다.

정치인들뿐만 아니라 국민들도 그간 생소했던 용어인 '보편적 복지'와 '선별적 복지'를 두고 논쟁하기에 이르렀다. 선별적 복지를 주장하는 사람들은 부유한 집안 아이들까지 무상으로 급식을 주어서는 안 된다고 했고, 보편적 복지를 주장하는 사람들은 모든 아이들에게 균등하게 급식을 제공해야 한다고 맞섰다.

이 논쟁은 자연스럽게 복지란 무엇인가라는 근본적인 질문을 던지게 해주었다. 또한 국민의 나은 삶을 위해 국가는 무엇을 해야 하는지를 자문해보게 했다. 뒤돌아보면 정치권에서의 논쟁은 치열했지만, 국민들은 복지가 진보와 보수의 이념 문제가 아니라는 것을 느꼈고, 직접적인 자신들의 문제라는 것을 강하게 느꼈다는 점에서 의의가 있었다.

그런데 내가 정작 중요하게 생각한 것은 지역의 특성을 반영한 지역복지에 대한 논의도 활발해지기 시작했다는 점이다. 그것은 지방자치제가 정착되어 가는 과정에서 필연적인 현상이기도 했지만, 이미 거스를 수 없는 시대의 흐름이기도 했다. 국민들의 마음속에서는 이미 복지의 큰 흐름인 보편 복지가 자리를 잡아가고 있었다. 나는 다양한 지역복지사업을 목도하면서 내가 할 수 있는 '보편적 지역복지사업'을 구상하고 추진할 준비를 하게 되었다.
나는 시장 비서실에서 오랜 시간을 보냈다. 민선4기에는 온전히 비서실에 있었고, 민선5기의 시작도 함께 했다. 그 기간 동안에는 지역복지를 머릿속으로 구상할 수밖에 없었다. 2011년이 되어서야 비로소 지역복지의 현장에서 일할 수 있는 기회가 주어졌다. 물론 그 당시만 해도 보편 복지에 대한 논란은 계속되고 있었다.

지금 생각해보면 그 당시 보편적 복지에 대한 내 구상은 매우 '공무원적'이었다. 내 복지 구상은 자치단체장과 시의회의 관문을 무난하게 넘어설 수 있는 단계에 머물러 있었다. 그래서 예산은 적게 들되 시민들이 관심을 갖고 함께 참여할 수 있는 복지사업이 무난한 아이템일 수 있겠다고 생각했다. 그 첫 시작이 나눔문화를 확산하기 위한 '아산행복드림사업'이었다. 이 사업을 요약하자면, 꼭 돈을 기부하지 않고도 누구나 손쉽게 자신의 재능과 물품을 나눌 수 있게 하자는 것이었다. 지역사회보장협의체의 주도하에 관내의 복지관과 광역기부업체 등이 거점기관과 업무지원기관을 맡고, 지역 내의 기업, 상점, 학원 등이 물품이나 서비스를 기부하여 어려운 이웃을 돕자는 아이디어는 빠르게 확산되었다. 서로 돕고 서로 격려하는 '나눔 릴레이'를 통해 상생의 지역 공동체 모델을 만들어나갈 수 있었다. 이 사업이 중요했던 것은 지속가능성에 있었다. 한 사업의 성공은 다른 사업을 벌여나갈 수 있는 큰 힘이 되었고, 실제로 다양한 특화사업이 그 토대 위에서 꽃을 피웠다.

한동안 현장에서 시민들을 만나고, 새로운 지역복지 모델을 구상하느라 정신없이 보냈다. 그러던 2013년 어느 날이었다. 나는 '복서원'이라는 사회복지 글쓰기 과정이 있다는 걸 알게 되었다. 사실 현장을 뛰어다니면서 나는 지금까지 추진했던 사업들을 정리하고 함께 나누며 토론할 수 있는 자리에 목이 말라 있었다. 또한 지나온 삶을 되돌아보고 차분하게 정리할 시간이 필요하기도 했다. 오십을 바라보는 나이의 공직자인 나, 사회복지사로서의 내 삶을 되돌아봐야겠다는 절실함에 나는 복서원의 문을 두드렸다.

'복서원'의 교육은 내게 새로운 활력을 가져다주었다. 그곳에서 만난 분들은 지금까지의 그 어떤 인연보다도 값진 인연이었다. 나는 '복서원'에서 기록이 왜 중요한지를 알게 되었고, 책을 읽으며 내가 경험했던 사례들을 하나하나 집필해가는 과정에서 새로운 나를 만날 수 있었다. 나는 한국교원대학교 교육박물관에서 수업을 듣고 글을 정리하던 그 시절을 잊을 수 없다. 한남대 김00교수님, 국립국어원 박00 교수님, 사회복지사무소 구슬 김00 소장님과 강00님, 이00 선생님 등과 맺은 인연은 지금도 내게 얼마나 큰 힘을 주는지 모른다.

특히 1년 교육과정을 운영했던 윤재호 선생님의 열정이 오래도록 가슴에 남는다. 집필 뿐 아니라 책의 출판과 출판기념회까지도 계획하는 당당한 포부를 보면서 나는 적잖이 놀라기도 했다. 아니, 속으로는 우리를 너무 과대평가하고 있는 건 아닌지 의심을 품기도 했다. 하지만 그 계획은 내게 너무나 멋진 꿈이었다. 말만 들어도 마음 한 편에서 밀려오는 감동 또한 어쩔 수 없는 것이었다. 그런데 1회차, 2회차를 지나 중반으로 접어들던 4회차를 끝으로 윤재호 선생님을 더는 볼 수가 없었다. 우리에게 그토록 뜨거운 열정을 심어주셨는데 다른 부서로 발령이 나버린 것이었다. 나만의 책을 출판하겠다는 꿈도 그때 함께 날아가는 것 같았다.

그때 '복서원'에서 만난 또 한 명, 산청군의 선희 팀장은 내게 소중한 선물이었다. 그녀는 지역복지라는 브랜드가 너무 흔히 쓰이고 있으니 상품으로서 가치가 떨어진다면서 근린자치에서 찾아낸 '근린복지'라는 브랜드를 제안했다. 책의 목차와 제목을 그녀와 함께 만들어가는 과정 또한 무척이나 흥미로웠다. '지역복지를 넘어 근린복지로'라는 내 첫 책의 제목은 그렇게 탄생했다. 나는 그 과정에서 자연스럽게 책을 집필하는 과정이 나 자신을 돌아보고 성찰하는 과정임을 깨닫게 되었다. 또한 원고는 나만 아는 내용을 써내려가는 것이 아니라 독자와의 대화를 전제로 한 과정이라는 것도 알게 되었다. 더구나 원고의 내용이 사회 구성원에 대한 복지를 다루고 실천하는 과정을 보여주는 것이라면 그 점을 더욱 세심하게 신경 써야 한다는 것도 그때 배우게 되었다.

집필은 한편으로는 내게 '사회복지사다움'을 실천하는 과정이었다. 꽤 많은 시간 동안 나를 돌아보고 성찰하다보니 얇지만 한 권의 단행본 원고가 완성되었다. 제본이 된 책을 받아보았을 때 두가지 감정이 느껴졌다. 물론 내 이름 석 자가 박힌 책은 내게 큰기쁨과 감동을 주었지만 설명할 수 없는 아쉬움과 부끄러움도 동시에 느꼈다. 손에 들고 있는 물건은 제본된 한 권의 책이지만 동시에 누군가 돈을 주고 사야하는 '상품'이었다. "내가 세상에 내어 놓는 이 물건이 상품으로서의 가치가 있는 것일까?" 나는 내게 수없이 그 질문을 할 수밖에 없었다.

부끄러운 책이었지만 출간 이후 내 삶에 많은 변화가 찾아왔다. 일선 복지 분야에 대한 구상과 실천은 많은 분들의 관심을 받게 되었고, 언론에 보도되면서 지역에서뿐만 아니라 전국적으로도 인지도가 높아졌다. 비록 첫 책은 부끄러운 내용이 많았지만 출간 이후 현장에 있는 사회복지사, 대학 사회복지학과 학생들을 더 많이 만날 수 있는 기회가 생겼고 그들과 의견을 나누면서 나 또한 더욱 성숙해질 수 있었다.

책을 출간한 2013년 이후 나는 이전과는 매우 다른 나를 만들어가고 있다. 책 출간 이후 나는 지방공무원의 꽃이라고 할 수 있는 사무관으로 승진도 했고, 가장 작은 단위에서 복지를 실천할 수 있는 동장을 맡기도 했다. 현장에서 복지를 실천하면서 자신감도 엄청나게 커졌다. 나는 근린복지보다 명확한 용어로 '동네복지'라는 개념을 정립하고 동 복지 허브 화 사업에 온 힘을 쏟았다. 복지 동장으로서 지역주민과 함께 했던 현장의 사례는 〈국가복지에서 동네복지로〉라는 또 하나의 책으로 결실을 맺었다. 이 책은 복지부장관과 대통령에게도 전달되었고, 그 인연으로 2016년 대통령 연두 업무보고에 배석하기도 했다.

내가 무엇보다 기뻤던 것은 책을 출간하고 나서 일선 복지행정 실천의 장인 아산시 온양3동 주민센터를 전국에 알릴 수 있었다는 것이다. 이제 온양3동은 전국에서 벤치마킹을 위해 찾아오는 필수 코스가 되었다. 복지를 실천하는 가장 작은 단위의 경험이 확산되고, 나아가 새로운 아이디어와 열정이 합쳐지면 반드시 전국적인 변화가 있으리라고 생각한다. 이미 시대는 중앙에서 지방으로, 지방에서도 가장 작은 공동체로부터 변화가 생겨나고 있음을 실감할 수 있다.

　시대의 변화를 거스를 수는 없다. 어쨌든 복지는 어떤 면에서는 점진적으로, 또 어떤 면에서는 급진적으로 확대될 것이다. 나는 이 도도한 흐름에 복서원이 큰 역할을 계속 해주리라 믿는다. '복서원'에서 사회복지 현장의 무수한 사례들을 공유하고 토론하면 그것은 전국적으로 확대 재생산 될 것이다. 그렇게 되면 멀지 않은 미래에 사회복지사의 위상도 크게 달라질 것이다. 무수한 사회복지 사례들을 통해 새로운 복지철학이 만들어지고 집대성되는 곳, 그런 버팀목 같은 역할을 앞으로도 '복서원'이 묵묵히 해주기를 바란다.

3) 김선희, 창녕군

출발점에 다시 서다

　새롭게 시작했던 2013년이었다. 20년의 사회복지직 공무원의 생활을 한 번 정리해 본다는 생각으로 무작정 달려들었다. 그래 마치 불나방처럼 달려들었다. 한 여름 밤 불빛을 향해 돌진하는 수많은 나방의 날개짓처럼 그다음에 일어날 일에 대한 아무런 걱정도 준비도 없이 발걸음을 교육원으로 향했다.

　'福書院', 한국보건인력개발원에서 개설한 사회복지 현장의 이야기를 글로 담아내는 교육과정이었다. 교육에 참여하고자 모여든 전국의 공무원들은 본 교육과정에 참여한 다양한 동기들을 말했다.

　'나? 나는 이 교육과정에 참여한 이유가 뭐지?'

　나에게 나를 물었다. 이 교육에 참여한 나에게 대한 문답을 시작해 보았다. 스무고개를 하듯이 차근차근 이유를 찾아본다. 그리고 마지막에 도착하고 싶은 곳을 어디인지 되물어 보았다.

사회복지의 현장에서 만났던 소중한 인연들과 그들과 함께하면서 내가 걸었던 발자취와 내가 쏟았던 열정을 정리하고 싶었다. 그리고 이렇게 정리한 경험과 다양한 사연을 사회복지직 공무원들과 공유하고 싶다는 생각이었다. 이것이 글쓰기의 참여 동기가 된다면 이 글이 주는 유익함이 있어야 하며, 자료로써 가지는 가치와 책임을 져야 하는 또 다른 이유가 생겼다.

'시작이 반이다'라는 용기를 가지고 달려들었지만 선조들의 속담이 무색하게 시작하자마자 글을 쓴다는 것에 대한 부담이 가슴으로 훅 다가왔다. 어두운 도로변에서 고라니를 만난 것 같은 놀라움과 순간의 걱정이랄까? 자동차의 핸들을 휙 꺾어서 순간을 피할 수 있었다. 하지만 나의 경험을 글로 쓴다는 것은 커다란 백지장 앞에서 연필만 자꾸 만지작거릴 뿐 피할 수 있는 요행의 수는 없는 듯했다.

'그래 나의 이야기는 나만이 알고 있지만, 그 감동과 경험을 그림처럼 써보자'

2013년 4월부터 '복서원'의 대장정을 시작했다. 일기는 많이 썼지만, 타인에게 내놓을 수 있는 글을 쓰는 방법과 마지막으로 도달해야 하는 '책'이라는 성과물을 만들기 위한 첫 단추가 여미는 처음의 순간부터 부담과 또 부담이었다.

글쓰기 방법에 대한 지도를 받고, 출판과정에 대한 전문가의 현장 이야기도 들으며 책의 집필계획도 난생처음 작성해봤다. 신기한가 첫 경험으로 기득 친 교육과정이었나. 개발원 덕분에 가져본 소중한 경험! 사회복지의 현장에서 두 발로 뛰어다니며 동분서주했던 이야기를 '복서원'을 만나서 새로운 가치와 감동으로 그리게 되었다.

또한 소중한 인연도 만들어 주었다. 김00교수님과 김00소장님의 만남으로 글쓰기에 대한 두려움을 조금씩 줄여가며, 행정공무원으로 책을 출판한 심OO동장님의 열강도 무척 감동적이었다. 박OO 국립국어원 교수님이 주신 칭찬은 처음 맛본 꿀맛이었다. 달콤한 맛에 최면이 걸려서 주말이면 엉덩이를 의자에 딱 붙이고 숨죽여가며 또 쓰고 또 썼던 2013년의 봄, 여름, 가을이었다.

그리고 서로가 가진 사회복지 행정의 경험을 나누고 질문하면서 다른 지역에서 같은 일을 하는 우리는 서로를 위한 최고의 응원단이 되어 주었다. 현장의 경험을 글 씨앗으로 먼저 꺼내놓고, 지난 시간에 있었던 사실과 하고 싶었던 이야기로 토실토실하게 살을 채우며 모양을 만들어 갔다. 쉬운 여정은 아니었다. 주말을 오롯이 반납하고 유일한 목격자이며 진술자인 나 자신에게 물어가며 글을 섰다.

어린 나이에 모자가정이 된 엄마를 만났던 사연, 술을 즐겨 드시던 구두수선 할아버지 이야기, 대학교 등록금을 내지 못해 발을 동동 구르던 학생과 수해의 현장에서 자원봉사로 예쁜 꽃을 피웠던 감동의 순간을 하나하나 기억하며 정리했었다. 그 많은 인연 중에서 몇몇 기억만을 겨우 더듬을 수 있었다.

작은 자료집으로 나온 '사회복지현장의 희망 노트'는 2013년 공무원으로 재직하며 만나 온 인연을 정리하는 시간을 주었다. 그리고 반성도 했었다. 슈퍼맨이 아니기에 강물처럼 흘러가 버린 일상의 부족함과 염치없는 내 모습에 대한 꾸짖음도 해보았다. 무엇보다 글을 쓴 후 지울 수 없는 기록이 남게 되는 것에 대한 불안감도 있었다. 하지만 내가 했던 업무처리와 소중한 인연을 다시 생각해보며 나에게 새로운 최면을 걸어볼 기회가 된 것 같았다.

그리고 나에게 선물도 주었다. 집 한 채가 생겼다. 인터넷 블러그를 만들어 나만의 글쓰기 공간을 갖게 되었다. 흔하지 않은 경험과 참 좋은 습관이 생기게 되었다. 또 업무와 관련 책을 발간한 후에 공무원으로서 인사 가점을 받기도 하고 값진 진급도 하게 되었다. 경사에 경사가 겹쳤다고나 할까! 무엇보다도 의미 있는 시간과 나의 가치를 스스로 인정해 보는 시간이었다.

'그래 이 정도면 참 열심히 살았네. 그 할아버지도 우리를 만나서 삶이 조금이나마 덜 외롭고 덜 힘들었으면 좋았을 텐데, 그 때 잠시라도 아픈 다리를 지탱할 수 있는 든든한 지팡이가 되었을까? 쉬어 갈 수 있는 나무 그루터기가 되었을까? 아니 거룩한 이유는 던져버리자! 그냥 사회복지의 현장에서 인연이 닿아 만나게 된 분과 이야기 할 때 한 번이라도 더 웃을 수 있는 대화를 하자! 그런 만남을 만들자! 진짜 그랬으며 좋겠네.'

마치 주어진 숙제처럼 가정방문을 하고 습관처럼 말하던 업무 안내서의 기준을 조금 내려놓고 사람 냄새 폴폴 풍기는 그런 사회복지직 공무원이 되고 싶다. 나무껍질 같은 할머니의 손을 잡고 그 속상함을 조금이라도 풀어낼 수 있는 편안한 당나귀의 귀가 되고 싶다는 생각을 한다. 그리고 억겁의 인연으로 만나게 된 분들과 웃음을 나누는 '유쾌한 써니씨'가 되자고 마음을 다잡아 보았다.

'복서원', 나를 처음의 마음으로 돌아가게 하는 지침서처럼 나에게 자리하고 있다. 인연이라는 소중한 등불도 밝혀 놓고 향기 좋은 커피를 내리듯 마음도 정리하면서 사회복지의 현장에서 나를 좀 더 사회복지직 공무원으로 살아가도록 하는 받침대가 되어 준다. 무엇보다도 글을 쓴다는 것은 나에게 큰 자신감을 주었다. 언제나 복서원 그 희망의 꽃밭으로 다시 돌아가고 싶다는 소망이 간절하다.

2013년부터 이어져 오는 우리들의 이야기는 쉼표가 없이 오늘도 계속된다. 숨이 멎을 것 같은 무서운 이야기도 매운 양파처럼 눈물 나는 사연도 다 함께 있다. 사회복지의 현장은 살아 숨을 쉰다. 즐거움도 슬픔도 이겨낼 수 있는 감동의 에너지가 전국 방방곡곡에서 꽃송이처럼 피어난다. 그 꽃송이가 우리의 가슴속에 그

대로 피어있으니 세상이 울고 웃을 수 있는 이야기를 복서원에서 펼쳐보자! 진짜 우리들의 이야기를!

그래 '복서원'이란 꽃다발을 만들어 스스로에게 그리고 동료에게 세상에 감동의 선물하는 거야!

여기가 다시 시작하는 출발점이지! 그리고 복서원 포에버!

2. '복서원(福書院)'에 대한 기대(期待)

사람은 교육에 따라 변화한다.
교육은 사람에 따라 변화한다.

교육이 이어지는 데에는 기획하는 사람의 철학적 공유와 노력이 있었기에 지속 가능하다고 생각한다.

환경, 사회가 변화함에 따라 교육에 대한 need와 want도 달라진다. 따라서 교육을 기획하기 위해서는 끊임없는 개선(改善)이 있어야 한다. 그것을 훌륭하게 수행해준 동료들이 있었기에 더없이 행복하다.

'복서원'을 처음 기획한 이후 많은 변화가 있었다. 교육생의 업무현장을 찾아가서 지도도 했었고, 졸업생이 강사나 멘 토로 참여하여 교육에 참여도 하였으며 비슷한 유형을 소 그룹화 하여 서로 지지를 통해 책이 완성되는 과정을 거치는 지원 등이 있었다. 이 외에도 교육을 기획하는 기획자들은 앞선 경험을 참고하여 변화에 따른 개선을 끊임없이 했다고 생각한다. 이 부분이 동료들에게 정말 감사한 부분이라 생각한다.

이와 더불어 가장 중요한 것은 졸업생이라고 생각한다.

졸업생의 커뮤니티는 무궁무진하게 교육의 결과를 확장해 나살 수 있는 힘이 된다고 생각한다. 처음 기획할 당시에는 회를 거듭하여 교육이 이뤄지고 졸업생이 나오면 매년 졸업생을 중심으로 글들이 만들어 지고, 그것이 지속되다 보면 매월로 바뀌어 더 많은 글들이 생산될 수 있다.

아울러 졸업생들이 주가 되어, 각 지역의 '지역 복서원'을 개발하여, 지역의 사회복지를 기록하고 토론하는 기회를 만들도록 지원하는 것이 필요하겠다 싶었다. 이를 위해 KOHI에서는 강사 등의 지원을 통해 돕는 것이 가능하다.

기획자의 철학이 계속 이어지고, 훌륭한 졸업생이 계속 배출된다면 '복서원'이라는 교육은 그 안에서 큰 학습공동체를 이루게 될 것이다.

그 방법이 어떻게 되든 그것은 환경에 따라 순리에 따라 변화할 것이라 생각하지만 그 핵심을 이루는 기획자와 졸업생은 상호 보완하며 개선하여 '복서원'을 하나의 큰 흐름으로 만들어야 할 것이다.

아울러 그 흐름은 다른 흐름들과 합하게 되고 적절한 화학적 작용에 의해 더욱 개선 될 수 있을 것이다.

복지가 아닌 다른 분야들과의 연대 등을 통해 복지를 바라보는 관점이 다양화 될 수도 있으며 현장의 실무자들만이 아니라 학자와 학생들에게도 영향을 주게 된다. 복지서비스의 이용자들에게도 영향을 미치게 될 수 있을 것으로 감히 예상해본다.

이러한 '흐름'안에서 항상 개선에 개선을 거듭될 수 있도록 서로간의 노력이 필요하다. '복서원'이라는 교육은 특별한 일이 없으면 한국보건복지인력개발원의 교육으로서 계속 될 수 있을 것이다.

그것이 큰 힘이 될 것이다.

글을 쓰고 나누고 성찰 할 수 있는 틀을 갖고 있는 것. 그것을 통해 다양한 생각들이 합쳐지고 새로운 것이 만들어 질 수 있는 기회, 힘을 가질 수 있는 것은 즐겁고 신나는 일이다.

이러한 고민과 생각들은 사람과 사람이 만들어 낸다. 그것은 살아 움직이는 것이기 때문에 어떻게 바뀔지는 모른다. 하지만 우리는 '복서원'을 통해서 이미 경험을 했다.

나누고, 생각하며, 기록을 하다보면 어느덧 성장해 있는 나를 발견한다는 것을.

그래서 앞으로의 '복서원'이 더욱 기대된다.

맺음말

'복서원(福書院)'이라는 교육을 기획하고 운영하기 까지는 참 많은 사람들로부터의 배움이 있었다.

이 시작은 「미래를 알기 위해 과거를 알아야 하고, 기록해야 한다는 배움을 얻은 것부터로 책은 강의보다 더 많은 사람들의 시행착오를 줄여줄 수 있을 것이라는 믿음」그것은 결국 많은 이의 행복한 인생을 돕게 된다는 확신을 갖게 된 이후부터다.

지금도 이 생각은 다르지 않다. 우리는 현재를 알기 위해 과거를 익혀야 하고, 현재를 알아야 미래를 설계할 수 있다. 아울러 알뜰하게 떠오른 아름다운 생각들을 실천하기 위해 과거의 기록을 찾아보고 이야기를 듣기도 한다.

최근 몇 년간 정부정책의 큰 이슈중 하나는 '복지' 그리고 '일자리'다. 지금도 경제와 마찬가지로 많은 관심을 갖는 정책이며 정책적 관심이 높아지니 예산도 늘어나고 서비스도 늘어나게 된다. 그리고 다양한 사업들이 생기고, 변화하고, 없어지기도 한다. 대통령이 바뀌고, 총선이 이뤄지거나, 자치단체장 선거를 기점으로 정책은 순식간에 과거가 되고, 현재가 되며, 이렇게 바뀌는 것은 미래에도 이럴 것이다. 대부분 그렇지만 정책의 변경 및 현황에 대한 데이터는 법을 찾아보고 보건복지부의 '보건복지백서'등을 찾아보면 비교적 손쉽게 공부 할 수 있다.

그 정책의 이론적 배경과 다른 나라의 사례 등은 논문이나 전공서적을 보면 쉽게 찾아 볼 수 있다. 그런데 실무자가 일을 하기 위해 현장의 과거를 검토하기 위한 자료가 조금 더 다양 해 졌으면 하는 바람이 있다.

여러 단체나 기관에서 나오는 '수기집'도 좋고, 강연의 자료도 좋지만, 그것 말고도 전공서적과 백서 그리고 수기 집 사이의 실무 사례집이 많아진다면, 복지업무를 담당하는 혹은 담당하게 되는 사람들의 시행착오를 조금이라도 덜 수 있게 되고 결국 서비스를 받는 주민들이 조금 더 편안하게 복지서비스를 받을 수 있지 않을까 생각한다. 여기에, 기록의 과정을 통해서 자신의 업무를 돌아보고, 현재를 배우고 그리고 미래를 새롭게 구상 할 수 있지 않을까?

기록하기 위해 자신을 돌아보고 또 미래를 계획하게 되면 그 자체로도 훌륭한 교육이 될 것이다. 그 과정에서 나오는 산출물은 다른 사람들의 시행착오를 크게 줄여주는데 기여 할 것이라고 생각 한 것이다.

항상 느끼지만 나는 미완성이다.

그리고 나는 꼭 직전까지 고민하고, 직전에 해결하려 한다.

그래서 계속 미완성으로 남게 되는지도 모르겠다.

'복서원'을 기획 할 때도 그랬고 운영 할 때도 그랬다. 그리고 그에 대한 글을 쓸 때도 그랬다. 항상 그런 식이었다. 언제부터인지 거슬러 올라가 보면 초등학교 때 부터였던 것으로 생각한다.

초등학교 때 그림그리기를 상당히 좋아했다. 미술시간의 총 40분 안에 정해진 주제를 그려야 할 때 나는 꼭 30분간 생각하고 10분 안에 그림을 그렸다. 그 30분간 밑그림도 그려보고 다시 지우기를 반복하기도 하고, 스케치북을 물끄러미 바라보며 그림에 대한 생각을 계속 하기만 했다.

간혹 왜 그러는지 선생님이 묻기도 하고, 다른 아이들이 그림을 착착 그려내는 모습을 보면 내 마음도 조금 다급하기도 했지만,

무슨 이유에서인지 나는 항상 그림을 제출하기 10분전에 그림을 그렸다.

 그 결과는 나는 항상 만족했기 때문에 그리고 그 기록이 아직 남아있지 않기 때문에 어떻게 평가받는지는 잘 모르겠으나, 소속된 초등학교 대표로 그림대회도 나갔었기 때문에 나름 괜찮은 실력이 있었다고 기억한다.

 어찌됐든 이렇게 무언가를 만들어 낼 때면 끊임없이 생각한다. 밥을 먹을 때도, 다른 이와 대화를 할 때도 계속 하고자 하는 일을 조금씩 생각한다. 그리고는 결과가 나와야 할 때 부랴부랴 일을 처리하는 경우가 많다.

 '복서원'을 기획하면서도 그랬고 이 책을 쓸 때도 그랬다. 쉽게 바뀌지 않는 습관이고, 나 또한 좋아하지 않는 습관이긴 하지만 이젠 이렇게 맞춰서 살아가야 한다고 생각한다.

 어찌 됐든지 다음에 손발이 오그라들 정도로 창피한 글일지도 모르지만 뭔가 기록을 만들어 냈다. 그것을 더욱 보완해야 한다는 생각을 맺음말을 쓰는 이 순간에도 계속하고 있지만, 그래도 어찌됐든 종결은 한다.

 생각을 하면서 끊임없이 시뮬레이션을 해 본다. 그리고 계속 바뀌어가는 상황에서 최적을 찾기 위해 노력한다. 이런 노력을 기울일 때 가장 좋은 것은 항상 글, 책이었다.

 책을 통해서 최근의 고민들을 다양하게 구상해보고 메모와 낙서를 해 본다. 그것을 통해서 결론을 그려보고 시뮬레이션 해 본다. 이 과정을 거치게 되면 짧은 순간이지만 어찌되었든 바라는 결과물을 만들어 낼 수 있음을 경험해 왔다.

'복서원'은 나에게 참 의미 있는 교육이다.

훌륭한 동료들이 있었기에 유지가 되어 발전되고 있으며, 훌륭한 교육생분들 덕분에 과정에 대한 의미가 더욱 높아지고 있다. 이 모든 것이 나의 복이라 생각한다.

'복서원'은 이미 내가 처음에 기획했던 의도보다 더 멋지게 발전해 가고 있다. 당연하다고 생각한다. 새로운 운영자와 교육생 그리고 환경이 변화하기 때문에 계속 변화하고 발전해 나가고 있는 것이라고 생각한다.

그렇기에 나의 동료들과 훌륭한 교육생 분들께 다시 한 번 감사의 인사를 전하고 싶다. 덕분에 이렇게 글을 남겨서 더 많이 공유될 수 있는 기회를 주신 것은 그분들의 지금까지가 있었기 때문이라고 생각하기 때문이다.

앞으로도 더욱 개선하여 새로움을 찾아가고 고찰해가는 '복서원'이 되길 바라면서, 이 책을 통해 처음에 기획한 사람으로서 소임을 여기에서 줄이려 한다.

매우 감사한 분들게

존경하는 분은 총 넷이다.

내가 죽을 때 까지 따라가지 못할 것 같은 능력을 갖고 계신 분들에게 나는 감히 존경한다고 한다.

첫 번째는 가정안의 균형화 부모에 대한 효(孝)를 몸소 보여주신 아버지, 두 번째는 인간은 어떤 존재인가, 자유와 책임은 무엇인가를 깨우쳐 주신 김조년 선생님, 세 번째는 사회사업이란 무엇이고 어떻게 공동체는 평화롭게 공존할 것인가에 대해 깨우쳐 주신 한덕연 선생님, 마지막 네 번째는 연구자의 자세와 끊임없는 탐구를 위한 문제의식을 어떻게 가져야 하고 사실과 가치판단의 차이는 무엇인지 깨우쳐 주신 二木 立(Niki Ryu) 교수님

그들이 있었기에 지금의 이 책과 내가 있다고 생각한다.

'복서원'은 기획자가 중간에 변경되었음에도 그것을 잘 이어서 더욱 훌륭하게 개선해 주신 김은옥 과장님, 임수미 선생님, 유어진 선생님과 힘찬 강의로 빛내주신 강사님들이 있었기에 가능했다고 생각했다.
아울러 '복서원'의 가장 빛나는 존재들이고 개척자이기도 한 졸업생 선배님들이 새로운 길을 닦아 놓았기 때문에 가능했다라고 생각한다.

마지막으로, 일을 열심히 할 수 있도록 물심양면으로 도와주고 계시는 어머니와 아내, 딸들 그리고 나의 벗들에게 감사함을 전한다.

윤재호